İspanyol Mutfağı

Lezzetli İber Yemekleri

Elif Sánchez

İçindekiler

Çilekli mousse kek..12

Noel günlüğü 14

Paskalya Bonnet Pastası 16

Paskalya Simnel Pastası 17

Onikinci Gece Pastası..19

Mikrodalga elmalı turta 20

Mikrodalga Elmalı Turta 21

Mikrodalgada elmalı ve cevizli turta..22

Mikrodalga Havuçlu Kek 23

Mikrodalga Havuç, Ananas ve Cevizli Kek 24

Mikrodalgada baharatlı kepekli kekler 26

Mikrodalga Muzlu ve Çarkıfelek Meyveli Cheesecake 27

Mikrodalga Fırında Portakallı Cheesecake 28

Mikrodalga Ananaslı Cheesecake 29

Mikrodalga Vişneli ve Cevizli Ekmek..30

Mikrodalga Çikolatalı Kek 31

Bademli mikrodalga çikolatalı kek...32

Mikrodalga Çift Çikolatalı Brownie..34

Mikrodalga Çikolatalı Hurma Barları 35

Mikrodalga Çikolata Kareleri 36

Hızlı Mikrodalga Kahveli Kek...37

Mikrodalga Noel pastası..38

Mikrodalga Kırıntı Kek 40

Mikrodalga Tarih Çubukları 41

Mikrodalga İncirli Ekmek 42

Mikrodalga krep 43

Mikrodalgada meyveli kek 44

Mikrodalga Meyve ve Hindistan Cevizi Kareleri 45

Mikrodalga Fudge Kek 46

Mikrodalga Zencefilli Kurabiye 47

Mikrodalga zencefil çubukları 48

Mikrodalgada altın kek 49

Mikrodalga Ballı Fındıklı Kek 50

Çiğnenebilir Mikrodalgada Müsli Barlar 51

Mikrodalga Cevizli Turta 52

Mikrodalga Portakal Suyu Kek 53

Mikrodalga Pavlova 54

mikrodalga kek 55

Mikrodalga Çilekli Kurabiye 56

Mikrodalga Kek 57

Sultana Mikrodalga Barlar 58

Mikrodalga Çikolatalı Kurabiyeler 59

Mikrodalga Hindistan Cevizli Kurabiye 60

Mikrodalga Floransalılar 61

Mikrodalga fındıklı ve vişneli kurabiye 62

Sultana Mikrodalga Kurabiyeleri 63

Mikrodalga Muzlu Ekmek 64

Mikrodalga Peynirli Ekmek 65

Mikrodalga Cevizli Ekmek 66

Amaretti keki fırınsız 67

Çıtır Amerikan Pirinç Barları 68

Kayısı kareleri...69

Kayısılı İsviçre Rulo Kek...70

Kırık Kurabiye Kekleri..71

Fırında Ayran Turtası Yok...72

kestane dilimi 73

Kestane Pastası..74

Çikolata ve Badem Barları..76

Çıtır Çikolatalı Kek...77

Çikolata Kırıntısı Kareler 78

Buzdolabı Çikolatalı Kek..79

Çikolatalı ve meyveli kek 80

Çikolata ve zencefil kareleri 81

Lüks çikolata ve zencefil kareleri 82

Ballı Çikolatalı Kurabiye 83

Çikolatalı katmanlı kek..84

İyi çikolatalar...85

Çikolatalı Pralin Kareler 86

Hindistan Cevizi Egzersizi...87

Çıtır barlar...88

Gevrek Hindistan cevizi ve kuru üzüm..89

Süt kareli kahve 90

Fırınlanmayan meyveli kek 91

Meyveli Kareler..92

Meyve ve Lifli Egzersizler...93

Nuga Katmanlı Kek..94

Süt ve hindistan cevizi kareleri 95

Çıtır müsli..97

Turuncu Mousse Kareler 98

Fıstık Kareleri 99

Nane Karamelli Kek 100

Pirinç patlakları 101

Pirinç ve Çikolatalı Tofet 102

Badem Ezmesi 103

Şekersiz badem ezmesi 104

Kraliyet kreması 105

şekersiz sır 106

fondan krema 107

tereyağı sır 108

Çikolatalı Tereyağlı Krema 109

Beyaz Çikolatalı Tereyağlı Krema 110

Kahve Tereyağı Sırlaması 111

Limonlu Tereyağı Sır 112

Portakal Tereyağlı Krema 113

Krem Peynirli Krema 114

turuncu sır 115

Portakal Likörü Sosu 116

Yulaflı ve kuru üzümlü kurabiye 117

Baharatlı Yulaf Ezmeli Kurabiye 118

Tam Tahıl Yulaf Ezmeli Kurabiye 119

Portakallı Kurabiyeler 120

Portakallı ve limonlu kurabiye 121

Portakallı ve cevizli kurabiye 122

Portakallı ve Çikolatalı Kurabiyeler 123

Baharatlı Portakallı Kurabiye 124

Fıstık Ezmeli Kurabiyeler 125

Fıstık Ezmesi ve Çikolata Swirls 126

Yulaf ezmeli fıstık ezmeli kurabiye 127

Ballı Hindistan Cevizli Fıstık Ezmeli Kurabiye 128

Cevizli kurabiye 129

Fırıldak kurabiyeleri 130

Hızlı Ayran Kurabiyeleri 131

kuru üzümlü kurabiye 132

Yumuşak Üzümlü Kurabiye 133

Dilimlenmiş kuru üzüm ve pekmez 134

Ratafia Kurabiyeleri 135

Pirinç krakerleri ve müsli 136

Roman Kremleri 137

kum kurabiyeleri 138

Ekşi Kremalı Kurabiyeler 139

Esmer şekerli kurabiye 140

Şekerli ve hindistan cevizli kurabiye 141

galeta 142

Noel kurabiyeleri 143

ballı tatlı ekmek 144

Limonlu Tereyağlı Kurabiye 145

Tatlı kıymalı ekmek 146

Cevizli Tereyağlı Kurabiye 147

Portakallı Kurabiyeler 148

Zengin adamın tatlı ekmeği 149

Tam Tahıl Yulaf Ezmeli Kurabiye 150

Badem Girdapları 151

çikolata bezeli kurabiyeler 152

kurabiye insanlar 153

Dondurulmuş zencefilli kek 154

Shrewsbury Bisküvileri 155

İspanyol baharatlı kurabiyeleri 156

Eski Moda Baharatlı Kurabiyeler 157

pekmezli kurabiye 158

Pekmez, Kayısı ve Cevizli Kurabiye 159

Pekmezli ve Ayranlı Kurabiye 160

Pekmez ve kahve kurabiyeleri 161

Pekmez ve Hurmalı Kurabiye 162

Pekmez ve zencefilli kurabiye 163

Vanilyalı kurabiye 164

Cevizli Kurabiye 165

Çıtır Kurabiyeler 166

kaşar peynirli bisküvi 167

Mavi Peynirli Kraker 168

Peynirli ve susamlı kraker 169

Peynir çubukları 170

Peynir ve Domatesli Kraker 171

Keçi Peyniri Lokmaları 172

Jambonlu ve Hardallı Rulolar 173

Jambonlu ve Biberli Kurabiyeler 174

Basit Bitkili Kurabiyeler 175

Hint Kurabiyeleri 176

Fındıklı ve arpacık soğanlı kurabiye 177

Somonlu ve Dereotlu Kraker 178

Sodalı kurabiyeler 179

Domates ve parmesan öğütücüler 180

Domates ve otlu kurabiye..181

Temel Beyaz Ekmek 182

Simit...183

vuruşlar 184

Kremalı Arpa Ekmeği 185

bira ekmeği 186

Boston kahverengi ekmek 187

Kepek Saksıları 188

Tereyağlı rulolar..189

ayran ekmeği 190

Kanada Mısır Ekmeği 191

mısır böreği 192

Kır Pidesi Ekmeği..193

Haşhaş Tohumlu Ülke Örgüsü 194

Köy Tam Buğday Ekmeği..195

köri örgüler 196

Devon Bölümleri 198

Meyveli buğday tohumu ekmeği 199

Meyveli Süt Örgüleri...200

tahıl ambarı ekmeği 201

ahır ruloları 202

Fındıklı Tahıl Ambarı Ekmeği...203

Grisini..204

hasat örgüsü 205

süt ekmeği 207

Sütlü meyveli ekmek 208

sabah zafer ekmeği 209

ekmek 210

Mayasız ekmek 211

Pizza hamuru 212

Yulaf Koçanı 213

Yulaf ezmesi 214

pide ekmek 215

Hızlı tam buğday ekmeği 216

Islak Pirinç Ekmeği 217

Pirinç ve Bademli Ekmek 218

Çilekli mousse kek

23 cm/9 inçlik bir pasta yapar

Kek için:

100 g/4 oz/1 bardak kendiliğinden kabaran un

100 g/4 oz/½ bardak tereyağı veya margarin, yumuşatılmış

100g/4oz/½ bardak pudra şekeri (çok ince)

2 yumurta

Köpük için:

15 ml/1 yemek kaşığı jelatin tozu

30 ml/2 yemek kaşığı su

450g/1lb çilek

3 yumurta, ayrılmış

75 g/3 oz/1/3 su bardağı pudra şekeri (çok ince)

5 ml/1 çay kaşığı limon suyu

300 ml/½ pt/1¼ bardak çift krema (ağır)

30 ml/2 yemek kaşığı badem (dilimlenmiş), hafifçe kızartılmış

Kek malzemelerini pürüzsüz olana kadar çırpın. Yağlanmış ve astarlanmış 23 cm/9'luk kek kalıbına dökün ve önceden ısıtılmış fırında 190°C/375°F/gaz işareti 5'te altın kahverengi olana ve dokunulduğunda sertleşene kadar 25 dakika pişirin. Kalıptan çıkarıp soğumaya bırakın.

Mus yapmak için jelatini bir kasedeki suyun üzerine serpin ve kabarıncaya kadar bırakın. Kabı sıcak su dolu bir tencereye koyun ve eriyene kadar bekletin. Hafifçe soğutun. Bu arada, 350gr/12oz çileği püre haline getirin, ardından çekirdeklerini atmak için bir elekten (filtreden) geçirin. Yumurta sarılarını ve şekeri beyazlaşıp koyulaşana kadar çırpın ve karışım şeritler halinde çırpıcıdan geçirin. Püreyi, limon suyunu ve jelatini ekleyin. Kremayı sertleşene kadar çırpın, ardından yarısını karışıma ekleyin. Temiz bir çırpma teli ve kase kullanarak yumurta aklarını sertleşene kadar çırpın, ardından karışıma ekleyin.

Pastayı yatay olarak ikiye bölün ve yarısını plastik ambalajla kaplı temiz bir kek kalıbının (tepsi) tabanına yerleştirin. Kalan çilekleri dilimleyip pandispanyanın üzerine yerleştirin, ardından aromalı kremayla kaplayın ve son olarak kekin ikinci katını sürün. Çok yavaşça basın. Ayarlanana kadar soğutun.

Servis yapmak için tartı servis tabağına ters çevirin ve streç filmi (plastik ambalaj) çıkarın. Kalan kremayla süsleyip bademle süsleyin.

Noel günlüğü

bir tane yap

3 yumurta

100g/4oz/½ bardak pudra şekeri (çok ince)

100g/4oz/1 su bardağı sade un (çok amaçlı)

50 g/2 oz/½ bardak doğal çikolata (yarı tatlı), rendelenmiş

15 ml/1 yemek kaşığı sıcak su

Kaplama için pudra şekeri (çok ince)

Sır için (buzlanma):

6 oz/175 g/¾ bardak tereyağı veya margarin, yumuşatılmış

350g/12oz/2 bardak pudra şekeri, elenmiş

30 ml/2 yemek kaşığı ılık su

30 ml/2 yemek kaşığı kakao (şekersiz çikolata) tozu Süslemek için:

kutsal ve ardıç yaprakları (isteğe bağlı)

Yumurta ve şekeri kaynayan su dolu bir tencerenin üzerine yerleştirilmiş ısıya dayanıklı bir kapta çırpın. Karışım sertleşip çırpıcıdan şeritler halinde çıkana kadar çırpmaya devam edin. Ateşten alıp soğuyuncaya kadar çırpın. Unun yarısını, ardından çikolatayı, ardından kalan unu ekleyin ve suyu ekleyin. Yağlanmış ve astarlanmış bir İsviçre rulo kalıbına (jöle rulo kalıbı) dökün ve önceden ısıtılmış fırında 220°C/425°F/gaz işareti 7'de dokunulabilecek kadar sertleşinceye kadar yaklaşık 10 dakika pişirin. Büyük bir yağlı (mumlu) kağıdın üzerine pudra şekeri serpin. Keki kalıptan çıkarıp kağıdın üzerine alıp kenarlarını kesin. Başka bir kağıtla örtün ve kısa kenarından gevşek bir şekilde yuvarlayın.

Sır hazırlamak için tereyağı veya margarini pudra şekeri ile krema haline getirin, ardından su ve kakaoyu ekleyin. Soğuyan keki açın, kağıdı çıkarın ve sosun yarısını kekin üzerine yayın. Tekrar yuvarlayın, ardından kalan kremayla üzerini örtün, bir kütük gibi görünmesi için çatalla çizin. Üzerine biraz pudra şekeri eleyin ve dilediğiniz gibi süsleyin.

Paskalya Bonnet Pastası

20 cm/8 inçlik bir pasta yapar

75 g/3 oz/1/3 bardak muscovado şekeri

3 yumurta

75 g/3 oz/¾ bardak kendiliğinden kabaran un

15 ml/1 yemek kaşığı kakao (şekersiz çikolata) tozu

15 ml/1 yemek kaşığı ılık su

Doldurmak için:

50 g/2 oz/¼ bardak tereyağı veya margarin, yumuşatılmış

75g/3oz/½ bardak pudra şekeri, elenmiş

Kapsam için:

100 g/4 oz/1 bardak doğal çikolata (yarı tatlı)

25 g/1 oz/2 yemek kaşığı tereyağı veya margarin

Kurdele veya şeker çiçekleri (isteğe bağlı)

Şekeri ve yumurtaları kaynayan su dolu bir tencerenin üzerine yerleştirilmiş ısıya dayanıklı bir kapta çırpın. Karışım kalın ve kremsi bir kıvama gelinceye kadar çırpmaya devam edin. Birkaç dakika bekletin, sonra ocaktan alın ve çırpıcıyı çıkardığınızda karışım iz bırakıncaya kadar tekrar çırpın. Unu ve kakaoyu ekledikten sonra suyu ekleyin. Karışımı yağlanmış ve astarlı 20cm/8 kek kalıbına ve yağlanmış ve astarlı 15cm/6 kek kalıbına dökün. Önceden ısıtılmış fırında 200°C/400°F/gaz işareti 6'da iyice kabarıncaya ve dokunulabilecek kadar sertleşene kadar 15 ila 20 dakika pişirin. Bir raf üzerinde soğumaya bırakın.

İç harcını hazırlamak için margarin ve pudra şekerini çırpın. Küçük pastayı büyük pastanın üzerine sandviçlemek için kullanın.

Üzerini hazırlamak için çikolatayı ve tereyağı veya margarini kaynayan su dolu bir tencerenin üzerine yerleştirilmiş ısıya dayanıklı bir kapta eritin. Kremayı kekin üzerine dökün ve sıcak suya batırılmış bir bıçakla üzerini tamamen kaplayacak şekilde yayın. Kenarlarını kurdele veya şeker çiçekleriyle süsleyin.

Paskalya Simnel Pastası

20 cm/8 inçlik bir pasta yapar

225 g/1 bardak tereyağı veya margarin, yumuşatılmış

225g/8oz/1 su bardağı yumuşak esmer şeker

1 limonun rendelenmiş kabuğu

4 çırpılmış yumurta

225g/8oz/2 su bardağı sade un (çok amaçlı)

5 ml/1 çay kaşığı kabartma tozu

2,5 ml/½ çay kaşığı rendelenmiş hindistan cevizi

50 g/2 oz/½ bardak mısır unu (mısır nişastası)

100 g/4 oz/2/3 bardak kuru üzüm (altın kuru üzüm)

100 g/4 oz/2/3 bardak kuru üzüm

75 g/3 oz/½ bardak kuş üzümü

100 gr/4 oz/½ bardak sırlı kiraz (şekerlenmiş), doğranmış

25 g/1 oz/¼ bardak öğütülmüş badem

450 gr/1 pound badem ezmesi

30 ml/2 yemek kaşığı kayısı reçeli (korusun)

1 yumurta akı, dövülmüş

Tereyağı veya margarini, şekeri ve limon kabuğu rendesini soluk ve kabarık olana kadar çırpın. Yumurtaları yavaş yavaş çırpın, ardından un, kabartma tozu, hindistan cevizi ve mısır unu ekleyin. Meyveleri ve bademleri ekleyin. Karışımın yarısını yağlanmış ve astarlanmış 20cm/8 derinliğindeki kek kalıbına kaşıkla dökün. Badem ezmesinin yarısını kek büyüklüğünde açın ve karışımın üzerine yerleştirin. Kalan karışımı doldurun ve önceden ısıtılmış fırında 160°C/325°F/gaz işareti 3'te altın rengi oluncaya kadar 2–2½ saat pişirin. Kalıpta soğumaya bırakın. Soğuyunca kalıptan çıkarıp yağlı (balmumu) kağıda sarın. Olgunlaşması mümkünse üç haftaya kadar hava geçirmez bir kapta saklayın.

Pastayı bitirmek için üstünü reçelle fırçalayın. Kalan badem ezmesinin dörtte üçünü 20 cm/8 cm'lik bir daire şeklinde açın, kenarlarını düzeltin ve pastanın üzerine yerleştirin. Kalan badem ezmesini 11 top halinde yuvarlayın (Yahuda'sız öğrencileri temsil etmek için). Pastanın üstünü çırpılmış yumurta akı ile fırçalayın ve topları pastanın kenarına yerleştirin, ardından yumurta akı ile fırçalayın. Biraz kahverengileşmesi için bir dakika kadar sıcak bir ızgara (broyler) altına yerleştirin.

Onikinci Gece Pastası

20 cm/8 inçlik bir pasta yapar

225 g/1 bardak tereyağı veya margarin, yumuşatılmış

225g/8oz/1 su bardağı yumuşak esmer şeker

4 çırpılmış yumurta

225g/8oz/2 su bardağı sade un (çok amaçlı)

5 ml/1 çay kaşığı öğütülmüş karışık baharatlar (elmalı turta)

175 g/6 oz/1 bardak kuru üzüm (altın kuru üzüm)

100 g/4 oz/2/3 bardak kuru üzüm

75 g/3 oz/½ bardak kuş üzümü

50 g/2 oz/¼ bardak sırlı kiraz (şekerlenmiş)

50 g/2 oz/1/3 bardak karışık doğranmış kabuk (şekerlenmiş)

30 ml/2 yemek kaşığı süt

Süslemek için 12 mum

    Tereyağı veya margarin ve şekeri soluk ve kabarık olana kadar çırpın. Yumurtaları yavaş yavaş ekleyin, ardından unu, karışık baharatları, meyveleri ve kabuğu ekleyin ve iyice karışana kadar karıştırın, gerekirse biraz süt ekleyerek pürüzsüz bir karışım elde edin. Yağlanmış ve astarlı 20 cm'lik (8 inç) kek kalıbına dökün ve önceden ısıtılmış fırında 180°C/350°F/gaz işareti 4'te ortasına batırdığınız kürdan temiz çıkana kadar 2 saat pişirin. Ayrılmak

Mikrodalga elmalı turta

23cm/9 inçlik bir kare yapar

100 g/4 oz/½ bardak tereyağı veya margarin, yumuşatılmış

100 g/4 oz/½ bardak yumuşak kahverengi şeker

30 ml/2 yemek kaşığı altın şurubu (hafif mısır)

2 yumurta, hafifçe dövülmüş

225g/8oz/2 bardak kendi kendine kabaran un

10 ml/2 çay kaşığı öğütülmüş karışık baharatlar (elmalı turta)

120 ml/4 fl oz/½ bardak süt

2 adet pişirme elması (tart), soyulmuş, çekirdekleri çıkarılmış ve ince dilimlenmiş

15 ml/1 yemek kaşığı pudra şekeri (çok ince)

5 ml/1 çay kaşığı öğütülmüş tarçın

Tereyağı veya margarini, esmer şekeri ve şurubu soluk ve kabarık olana kadar çırpın. Yumurtaları azar azar ekleyin. Unu ve karışık baharatları ekleyin, ardından pürüzsüz hale gelinceye kadar sütü ekleyin. Elma ekleyin. Yağlanmış, tabanı astarlı 23 cm/9 inçlik, mikrodalgada pişirilebilen halkalı bir kalıba (tüp tepsisi) kaşıkla dökün ve mikrodalgada Orta ayarda sertleşene kadar 12 dakika pişirin. 5 dakika bekletin, sonra ters çevirin ve üzerine pudra şekeri ve tarçın serpin.

Mikrodalga Elmalı Turta

20 cm/8 inçlik bir pasta yapar

100 g/4 oz/½ bardak tereyağı veya margarin, yumuşatılmış

175g/6oz/¾ bardak açık kahverengi şeker

1 yumurta, hafifçe çırpılmış

175g/6oz/1½ su bardağı sade un (çok amaçlı)

2,5 ml/½ çay kaşığı kabartma tozu

bir tutam tuz

2,5 ml/½ çay kaşığı öğütülmüş yenibahar

1,5 ml/¼ çay kaşığı rendelenmiş hindistan cevizi

1,5 ml/¼ çay kaşığı öğütülmüş karanfil

300 ml/½ pt/1¼ bardak şekersiz elma püresi (sos)

75 g/3 oz/½ bardak kuru üzüm

Serpmek için pudra şekeri (şekerleme)

Tereyağı veya margarini ve esmer şekeri hafif ve kabarık olana kadar çırpın. Yavaş yavaş yumurtayı ekleyin, ardından un, kabartma tozu, tuz ve baharatları, elma püresi ve kuru üzümle dönüşümlü olarak ekleyin. Yağlanmış ve unlanmış 20 cm/8 inçlik, mikrodalgaya dayanıklı bir kaba dökün ve mikrodalgayı yüksek sıcaklıkta 12 dakika pişirin. Tavada soğumaya bırakın, ardından kareler halinde kesin ve üzerine pudra şekeri serpin.

Mikrodalgada elmalı ve cevizli turta

20 cm/8 inçlik bir pasta yapar

6 oz/175 g/¾ bardak tereyağı veya margarin, yumuşatılmış

100g/4oz/½ bardak pudra şekeri (çok ince)

3 yumurta, hafifçe çırpılmış

30 ml/2 yemek kaşığı altın şurubu (hafif mısır)

1 limonun rendelenmiş kabuğu ve suyu

175 g/6 oz/1½ bardak kendiliğinden kabaran un

50g/2oz/½ bardak kıyılmış ceviz

1 elma (tatlı olarak), soyulmuş, çekirdeği çıkarılmış ve doğranmış

100 gr/4 oz/2/3 su bardağı pudra şekeri

30 ml/2 yemek kaşığı limon suyu

15 ml/1 yemek kaşığı su

Süslemek için yarım ceviz

Tereyağı veya margarini ve pudra şekerini hafif ve kabarık olana kadar çırpın. Yavaş yavaş yumurtaları, ardından şurubu, limon kabuğu rendesini ve suyunu ekleyin. Unu, kıyılmış cevizi ve elmayı ekleyin. Yağlanmış 20 cm/8 inçlik yuvarlak, mikrodalgaya dayanıklı bir kaba dökün ve mikrodalgayı 4 dakika boyunca yüksek sıcaklıkta çalıştırın. Fırından çıkarıp alüminyum folyo ile kaplayın. Soğumaya bırakın. Pürüzsüz bir sır (sır) oluşturmak için pudra şekerini limon suyu ve yeterli suyla karıştırın. Kekin üzerine yayıp ceviz parçalarıyla süsleyin.

Mikrodalga Havuçlu Kek

18 cm/7 inçlik bir pasta yapar

100 g/4 oz/½ bardak tereyağı veya margarin, yumuşatılmış

100 g/4 oz/½ bardak yumuşak kahverengi şeker

2 çırpılmış yumurta

1 portakalın rendelenmiş kabuğu ve suyu

2,5 ml/½ çay kaşığı öğütülmüş tarçın

Bir tutam rendelenmiş hindistan cevizi

100g/4oz havuç, rendelenmiş

100 g/4 oz/1 bardak kendiliğinden kabaran un

25 g/1 oz/¼ bardak öğütülmüş badem

25 g/1 oz/2 yemek kaşığı pudra şekeri (çok ince)

Kapsam için:

100g/4oz/½ bardak krem peynir

50 g/2 oz/1/3 bardak pudra şekeri, elenmiş

30 ml/2 yemek kaşığı limon suyu

Tereyağı ve şekeri hafif ve kabarık olana kadar çırpın. Yumurtaları yavaş yavaş ekleyin, ardından portakal suyu ve kabuğu rendesini, baharatları ve havuçları ekleyin. Unu, bademleri ve şekeri ekleyin. Yağlanmış ve astarlı 18cm/7 kek kalıbına dökün ve streç filmle (plastik ambalaj) kaplayın. Ortasına batırılan kürdan temiz çıkana kadar 8 dakika kadar yüksek sıcaklıkta mikrodalgada tutun. Şeffaf filmi çıkarın ve soğumayı tamamlamak için rafa koymadan önce 8 dakika dinlendirin. Üzeri için olan malzemeleri karıştırıp soğuyan kekin üzerine paylaştırın.

Mikrodalga Havuç, Ananas ve Cevizli Kek

20 cm/8 inçlik bir pasta yapar

225g/8oz/1 bardak pudra şekeri (çok ince)

2 yumurta

120 ml/4 fl oz/½ bardak sıvı yağ

1,5 ml/¼ çay kaşığı tuz

5 ml/1 çay kaşığı karbonat (kabartma tozu)

100 g/4 oz/1 bardak kendiliğinden kabaran un

5 ml/1 çay kaşığı öğütülmüş tarçın

175g/6oz havuç, rendelenmiş

75 g/3 oz/¾ bardak kıyılmış ceviz

225 g/8 oz ezilmiş ananas, suyuyla birlikte

Sır için (buzlanma):

15 g/½ oz/1 yemek kaşığı tereyağı veya margarin

50g/2oz/¼ bardak krem peynir

10 ml/2 çay kaşığı limon suyu

Pudra şekeri (pudra), elenmiş

Büyük bir halka kalıbı (tüp tepsisi) pişirme kağıdıyla kaplayın. Şekeri, yumurtayı ve yağı çırpın. Kuru malzemeleri iyice birleşene kadar yavaşça katlayın. Kalan kek malzemelerini ekleyin. Karışımı hazırlanan tavaya dökün, bir rafa veya baş aşağı bir tabağa yerleştirin ve mikrodalgada 13 dakika veya katılaşana kadar yüksek sıcaklıkta pişirin. 5 dakika dinlendirdikten sonra tel ızgara üzerine alıp soğumaya bırakın.

Bu arada kremayı yapın. Tereyağı veya margarini, krem peyniri ve limon suyunu bir kaseye koyun ve mikrodalgayı 30 ila 40 saniye yüksek sıcaklıkta pişirin. Yoğun bir kıvam elde edene kadar yavaş yavaş yeterli miktarda pudra şekeri ekleyin ve kabarıncaya kadar çırpın. Kek soğuyunca üzerine kremayı sürün.

Mikrodalgada baharatlı kepekli kekler

15 önce

75 g/3 oz/¾ bardak Tam Kepekli tahıl

250 ml/8 fl oz/1 bardak süt

175g/6oz/1½ su bardağı sade un (çok amaçlı)

75 g/3 oz/1/3 su bardağı pudra şekeri (çok ince)

10 ml/2 çay kaşığı kabartma tozu

10 ml/2 çay kaşığı öğütülmüş karışık baharatlar (elmalı turta)

bir tutam tuz

60 ml/4 yemek kaşığı altın şurubu (hafif mısır)

45 ml/3 yemek kaşığı sıvı yağ

1 yumurta, hafifçe çırpılmış

75 g/3 oz/½ bardak kuru üzüm

15 ml/1 yemek kaşığı rendelenmiş portakal kabuğu

Mısır gevreğini sütün içinde 10 dakika bekletin. Unu, şekeri, kabartma tozunu, baharat karışımını ve tuzu karıştırın, ardından mısır gevreğine karıştırın. Şurup, yağ, yumurta, kuru üzüm ve portakal kabuğunu ekleyin. Kağıt kalıplara (kek kalıpları) yerleştirin ve beş keki aynı anda yüksek sıcaklıkta 4 dakika boyunca mikrodalgaya koyun. Kalan kekler için aynı işlemi tekrarlayın.

Mikrodalga Muzlu ve Çarkıfelek Meyveli Cheesecake

23 cm/9 inçlik bir pasta yapar

100 g/4 oz/½ bardak tereyağı veya margarin, eritilmiş

175 g/6 oz/1½ bardak zencefilli kurabiye kırıntısı

250g/9oz/1 cömert fincan krem peynir

175 ml/6 fl oz/¾ bardak ekşi krema (ekşi süt)

2 yumurta, hafifçe dövülmüş

100g/4oz/½ bardak pudra şekeri (çok ince)

1 limonun rendelenmiş kabuğu ve suyu

150 ml/¼ pt/2/3 bardak krem şanti

1 muz, dilimlenmiş

1 tutku meyvesi, doğranmış

Tereyağı veya margarini ve bisküvi kırıntılarını karıştırın ve 23 cm'lik/9 inçlik bir mikrodalga fırın pazeninin tabanına ve yanlarına bastırın. Mikrodalgayı 1 dakika boyunca yüksek ayarda tutun. Soğumaya bırakın.

Krem peyniri ve ekşi kremayı pürüzsüz olana kadar çırpın, ardından yumurtayı, şekeri, limon suyunu ve kabuğu rendesini ekleyin. Tabana dökün ve eşit şekilde dağıtın. Orta ateşte 8 dakika pişirin. Soğumaya bırakın.

Kremayı sertleşinceye kadar çırpın, ardından kabın üzerine yayın. Üzerine muz dilimleri koyun ve çarkıfelek meyvesinin etinin üzerine kaşıkla dökün.

Mikrodalga Fırında Portakallı Cheesecake

20 cm/8 inçlik bir pasta yapar

50 g/2 oz/¼ bardak tereyağı veya margarin

12 sindirim bisküvisi (Graham kraker), ezilmiş

100g/4oz/½ bardak pudra şekeri (çok ince)

225g/8oz/1 bardak krem peynir

2 yumurta

30 ml/2 yemek kaşığı konsantre portakal suyu

15 ml/1 yemek kaşığı limon suyu

150 ml/¼ pt/2/3 su bardağı ekşi krema (ekşi süt)

bir tutam tuz

1 portakal

30 ml/2 yemek kaşığı kayısı reçeli (korusun)

150 ml/¼ pt/2/3 su bardağı çift krema (ağır)

Tereyağı veya margarini 20 cm/8 inçlik bir mikrodalga muhallebi kabında yüksek ateşte 1 dakika eritin. Bisküvi kırıntılarını ve 25 g/1 oz/2 yemek kaşığı şekeri ekleyin ve tabağın tabanına ve yanlarına bastırın. Peyniri kalan şeker ve yumurtalarla çırpın, ardından portakal ve limon sularını, ekşi kremayı ve tuzu ekleyin. Kasanın (kabuk) içine dökün ve mikrodalgayı 2 dakika boyunca yüksek sıcaklıkta tutun. 2 dakika bekletin, ardından mikrodalganın yüksek ayarında 2 dakika daha bekletin. 1 dakika bekletin, ardından mikrodalgada 1 dakika yüksek ayarda bekletin. Soğumaya bırakın.

Portakalı soyun ve zar parçalarını keskin bir bıçakla çıkarın. Reçeli eritin ve cheesecake'in üzerine sürün. Kremayı çırpın ve cheesecake'in kenarına yerleştirin, ardından portakal dilimleri ile süsleyin.

Mikrodalga Ananaslı Cheesecake

23 cm/9 inçlik bir pasta yapar

100 g/4 oz/½ bardak tereyağı veya margarin, eritilmiş

175 g/6 oz/1½ bardak sindirimi kolaylaştıran bisküvi kırıntıları (Graham krakeri)

250g/9oz/1 cömert fincan krem peynir

2 yumurta, hafifçe dövülmüş

5 ml/1 çay kaşığı rendelenmiş limon kabuğu

30 ml/2 yemek kaşığı limon suyu

75 g/3 oz/1/3 su bardağı pudra şekeri (çok ince)

400g/14oz/1 büyük kutu ananas, suyu süzülmüş ve püre haline getirilmiş

150 ml/¼ pt/2/3 su bardağı çift krema (ağır)

Tereyağı veya margarini ve bisküvi kırıntılarını karıştırın ve 23 cm'lik/9 inçlik bir mikrodalga fırın pazeninin tabanına ve yanlarına bastırın. Mikrodalgayı 1 dakika boyunca yüksek ayarda tutun. Soğumaya bırakın.

Krem peynir, yumurta, limon kabuğu rendesi, meyve suyu ve şekeri pürüzsüz hale gelinceye kadar çırpın. Ananası ekleyin ve tabana dökün. Mikrodalgada sertleşinceye kadar orta ateşte 6 dakika pişirin. Soğumaya bırakın.

Kremayı sertleşinceye kadar çırpın, ardından cheesecake'in üzerine dökün.

Mikrodalga Vişneli ve Cevizli Ekmek

Bir adet 900gr/2lb somun yapar

6 oz/175 g/¾ bardak tereyağı veya margarin, yumuşatılmış

175g/6oz/¾ bardak açık kahverengi şeker

3 çırpılmış yumurta

225g/8oz/2 su bardağı sade un (çok amaçlı)

10 ml/2 çay kaşığı kabartma tozu

bir tutam tuz

45 ml/3 yemek kaşığı süt

75 g/3 oz/1/3 bardak sırlı kiraz (şekerlenmiş)

3 oz/75 g/¾ bardak kıyılmış karışık kuruyemiş

25g/1oz/3 yemek kaşığı pudra şekeri, elenmiş

Tereyağı veya margarini ve esmer şekeri hafif ve kabarık olana kadar çırpın. Yumurtaları yavaş yavaş çırpın, ardından un, kabartma tozu ve tuzu ekleyin. Pürüzsüz bir kıvam elde edecek kadar süt ekleyin, ardından kiraz ve cevizi ekleyin. Yağlanmış ve unlanmış 900 gramlık mikrodalga fırın tepsisine dökün ve üzerine şeker serpin. 7 dakika boyunca yüksek sıcaklıkta mikrodalga. 5 dakika dinlenmeye bırakın ve soğumayı tamamlamak için tel ızgara üzerine çevirin.

Mikrodalga Çikolatalı Kek

18 cm/7 inçlik bir pasta yapar

225 g/1 bardak tereyağı veya margarin, yumuşatılmış

175g/6oz/¾ bardak pudra şekeri (çok ince)

150g/5oz/1¼ bardak kendi kendine kabaran un

50 g/2 oz/¼ bardak kakao (şekersiz çikolata) tozu

5 ml/1 çay kaşığı kabartma tozu

3 çırpılmış yumurta

45 ml/3 yemek kaşığı süt

Tüm malzemeleri karıştırın ve yağlanmış ve astarlı 18 cm/7 inçlik, mikrodalgaya dayanıklı bir kaba yerleştirin. Dokunulduğunda sertleşinceye kadar 9 dakika boyunca yüksek sıcaklıkta mikrodalga. Tavada 5 dakika soğumaya bırakın, ardından soğumayı tamamlamak için bir tel ızgaraya çevirin.

Bademli mikrodalga çikolatalı kek

20 cm/8 inçlik bir pasta yapar

Kek için:

100 g/4 oz/½ bardak tereyağı veya margarin, yumuşatılmış

100g/4oz/½ bardak pudra şekeri (çok ince)

2 yumurta, hafifçe dövülmüş

100 g/4 oz/1 bardak kendiliğinden kabaran un

50 g/2 oz/½ bardak kakao (şekersiz çikolata) tozu

50 g/2 oz/½ bardak öğütülmüş badem

150 ml/¼ pt/2/3 su bardağı süt

60 ml/4 yemek kaşığı altın şurubu (hafif mısır)

Sır için (buzlanma):

100 g/4 oz/1 bardak doğal çikolata (yarı tatlı)

25 g/1 oz/2 yemek kaşığı tereyağı veya margarin

8 bütün badem

Pastayı yapmak için tereyağı veya margarini ve şekeri hafif ve kabarık olana kadar krema haline getirin. Yumurtaları yavaş yavaş çırpın, ardından un ve kakaoyu, ardından da öğütülmüş bademleri ekleyin. Sütü ve şurubu ekleyin ve hafif ve pürüzsüz hale gelinceye kadar çırpın. Plastik ambalajla kaplı 20 cm/8 inçlik, mikrodalgaya dayanıklı bir tabağa dökün ve mikrodalgayı 4 dakika boyunca yüksek sıcaklıkta çalıştırın. Fırından çıkarın, üstünü alüminyum folyoyla örtün ve hafifçe soğumaya bırakın, ardından soğumayı tamamlamak için bir tel ızgara üzerine çevirin.

Kremayı hazırlamak için çikolatayı ve tereyağını veya margarini yüksek ateşte 2 dakika eritin. İyi vur. Bademlerin yarısını çikolataya batırıp pişirme kağıdının (mumlu) üzerine dinlenmeye bırakın. Kalan şerbeti kekin üzerine döküp üst ve yanlarına yayın. Bademlerle süsleyip soğumaya bırakın.

Mikrodalga Çift Çikolatalı Brownie

8 önce

150 g/5 oz/1¼ bardak doğal çikolata (yarı tatlı), iri kıyılmış

75 g/3 oz/1/3 bardak tereyağı veya margarin

175g/6oz/¾ bardak açık kahverengi şeker

2 yumurta, hafifçe dövülmüş

150g/5oz/1¼ bardak sade un (çok amaçlı)

2,5 ml/½ çay kaşığı kabartma tozu

2,5 ml/½ çay kaşığı vanilya özü (ekstresi)

30 ml/2 yemek kaşığı süt

50g/2oz/½ bardak çikolatayı tereyağı veya margarinle birlikte yüksek ateşte 2 dakika eritin. Şekeri ve yumurtaları ekleyin, ardından un, kabartma tozu, vanilya özü ve sütü pürüzsüz hale gelinceye kadar çırpın. Yağlanmış 20 cm/8 inç kare mikrodalga kabına dökün ve mikrodalgayı 7 dakika boyunca yüksek sıcaklıkta çalıştırın. 10 dakika kadar plaka üzerinde soğumaya bırakın. Kalan çikolatayı 1 dakika yüksek ateşte eritin, ardından pastanın üzerine yayın ve soğumaya bırakın. Kareler halinde kesin.

Mikrodalga Çikolatalı Hurma Barları

8 önce

50 g/2 oz/1/3 bardak çekirdekleri çıkarılmış hurma (çekirdekleri çıkarılmış), doğranmış

60 ml/4 yemek kaşığı kaynar su

65 g/2½ oz/1/3 su bardağı tereyağı veya margarin, yumuşatılmış

225g/8oz/1 bardak pudra şekeri (çok ince)

1 yumurta

100g/4oz/1 su bardağı sade un (çok amaçlı)

10 ml/2 çay kaşığı kakao (şekersiz çikolata) tozu

2,5 ml/½ çay kaşığı kabartma tozu

bir tutam tuz

25 g/1 oz/¼ bardak kıyılmış karışık fındık

100 g/4 oz/1 bardak doğal çikolata (yarı tatlı), ince doğranmış

Hurmaları kaynar suyla karıştırıp soğuyana kadar bekletin. Tereyağı veya margarini şekerin yarısıyla hafif ve kabarık olana kadar çırpın. Yumurtayı yavaş yavaş çırpın, ardından dönüşümlü olarak un, kakao, kabartma tozu, tuz ve tarih karışımını ekleyin. Yağlanmış ve unlanmış 20cm/8 kare mikrodalga kabına dökün. Kalan şekeri fındık ve çikolatayla karıştırın ve üzerine hafifçe bastırarak serpin. 8 dakika boyunca yüksek sıcaklıkta mikrodalga. Karelere kesmeden önce tavada soğumaya bırakın.

Mikrodalga Çikolata Kareleri

16 önce

Kek için:

50 g/2 oz/¼ bardak tereyağı veya margarin

5 ml/1 çay kaşığı pudra şekeri (çok ince)

75 g/3 oz/¾ bardak sade un (çok amaçlı)

1 yumurta sarısı

15 ml/1 yemek kaşığı su

175 g/6 oz/1½ bardak doğal çikolata (yarı tatlı), rendelenmiş veya ince doğranmış

Kapsam için:

50g /2 oz/¼ fincan tereyağı veya margarin

50g/2oz/¼ bardak pudra şekeri (çok ince)

1 yumurta

2,5 ml/½ çay kaşığı vanilya özü (ekstresi)

100 gr/4 oz/1 su bardağı kıyılmış ceviz

Kek yapmak için tereyağı veya margarini yumuşatıp şeker, un, yumurta sarısı ve suyu ekleyin. Karışımı 20 cm/8 inç kare mikrodalgaya dayanıklı bir tabağa eşit şekilde yayın ve mikrodalgayı 2 dakika boyunca yüksek sıcaklıkta çalıştırın. Üzerine çikolata serpin ve mikrodalgayı 1 dakika boyunca yüksek sıcaklıkta tutun. Tabanın üzerine eşit şekilde yayıp sertleşene kadar bekletin.

Üstünü hazırlamak için tereyağı veya margarini mikrodalgada 30 saniye boyunca yüksek sıcaklıkta ısıtın. Kalan üst malzemelerini ekleyip çikolatanın üzerine yayın. Mikrodalgayı 5 dakika boyunca yüksek sıcaklıkta ısıtın. Soğumaya bırakın, ardından kareler halinde kesin.

Hızlı Mikrodalga Kahveli Kek

Bir adet 19 cm/7 inçlik kek yapar

Kek için:

225 g/1 bardak tereyağı veya margarin, yumuşatılmış

225g/8oz/1 bardak pudra şekeri (çok ince)

225g/8oz/2 bardak kendi kendine kabaran un

5 yumurta

45 ml/3 yemek kaşığı kahve özü (ekstresi)

Sır için (buzlanma):

30 ml/2 yemek kaşığı kahve özü (özüt)

175 g/6 oz/¾ fincan tereyağı veya margarin

Pudra şekeri (pudra), elenmiş

Süslemek için yarım ceviz

Tüm kek malzemelerini iyice karışana kadar karıştırın. İki adet 19 cm/7 inçlik mikrodalga kek kalıbına paylaştırın ve her birini yüksek sıcaklıkta 5 ila 6 dakika pişirin. Mikrodalgadan çıkarın ve soğumaya bırakın.

Sır malzemelerini karıştırın, pudra şekeri ile tatlandırın. Soğuyunca kremanın yarısı ile kekleri sandviçleyin ve geri kalanını üstüne yayın. Yarım cevizle süsleyin.

Mikrodalga Noel pastası

23 cm/9 inçlik bir pasta yapar

150 g/5 oz/2/3 bardak tereyağı veya margarin, yumuşatılmış

150 g/5 oz/2/3 su bardağı yumuşak esmer şeker

3 yumurta

30 ml/2 yemek kaşığı çörek otu pekmezi (pekmez)

225g/8oz/2 bardak kendi kendine kabaran un

10 ml/2 çay kaşığı öğütülmüş karışık baharatlar (elmalı turta)

2. 5 ml/½ çay kaşığı rendelenmiş hindistan cevizi

2,5 ml/½ çay kaşığı kabartma tozu (kabartma tozu)

450 g/1 lb/22/3 bardak karışık kurutulmuş meyveler (meyveli kek karışımı)

50 g/2 oz/¼ bardak sırlı kiraz (şekerlenmiş)

50 g/2 oz/1/3 bardak doğranmış karışık kabuk

50g/2oz/½ bardak kıyılmış karışık fındık

30 ml/2 yemek kaşığı brendi

Pastayı olgunlaştırmak için ilave brendi (isteğe bağlı)

Tereyağı veya margarini ve şekeri hafif ve kabarık olana kadar çırpın. Yumurtaları ve pekmezi yavaş yavaş çırpın, ardından unu, baharatları ve kabartma tozunu ekleyin. Meyveleri, karışık kabukları ve fındıkları yavaşça karıştırın, ardından brendi ekleyin. Tabanı astarlı 23 cm/9 inçlik bir mikrodalga kabına dökün ve mikrodalgayı düşük sıcaklıkta 45 ila 60 dakika boyunca pişirin. Soğutmayı bitirmek için tel ızgaraya çıkarmadan önce tavada 15 dakika soğumaya bırakın.

Soğuyunca pastayı alüminyum folyoya sarın ve serin ve karanlık bir yerde 2 hafta saklayın. İstenirse, ince bir şişle pastanın üstünü birkaç kez delin ve biraz daha brendi serpin, ardından pastayı tekrar sarıp bir kenara koyun. Daha zengin bir pasta oluşturmak için bunu birkaç kez yapabilirsiniz.

Mikrodalga Kırıntı Kek

20 cm/8 inçlik bir pasta yapar

300g/10oz/1¼ bardak pudra şekeri (çok ince)

225g/8oz/2 su bardağı sade un (çok amaçlı)

10 ml/2 çay kaşığı kabartma tozu

5 ml/1 çay kaşığı öğütülmüş tarçın

100 g/4 oz/½ bardak tereyağı veya margarin, yumuşatılmış

2 yumurta, hafifçe dövülmüş

100 ml/3½ fl oz/6½ yemek kaşığı süt

Şekeri, unu, kabartma tozunu ve tarçını karıştırın. Tereyağı veya margarinle karıştırın, ardından karışımın dörtte birini ayırın. Yumurtaları ve sütü karıştırıp kek karışımının en büyük kısmına dökün. Karışımı yağlanmış ve unlanmış, mikrodalgaya dayanıklı 20 cm/8 inçlik bir kaba dökün ve ayrılmış kırıntı karışımını serpin. Mikrodalgayı 10 dakika boyunca yüksek sıcaklıkta ısıtın. Plaka üzerinde soğumaya bırakın.

Mikrodalga Tarih Çubukları

12 önce

150g/5oz/1¼ bardak kendi kendine kabaran un

175g/6oz/¾ bardak pudra şekeri (çok ince)

100 g/4 oz/1 su bardağı kurutulmuş hindistan cevizi (rendelenmiş)

100g/4oz/2/3 bardak çekirdekleri çıkarılmış hurma (çekirdekleri çıkarılmış), doğranmış

50g/2oz/½ bardak kıyılmış karışık fındık

100 g/4 oz/½ bardak tereyağı veya margarin, eritilmiş

1 yumurta, hafifçe çırpılmış

Üzerine serpmek için pudra şekeri (pudra)

Kuru malzemeleri karıştırın. Tereyağı veya margarini ve yumurtayı ekleyip sert bir hamur elde edene kadar karıştırın. 20 cm/8 inç karelik bir mikrodalga tabağın tabanına bastırın ve sertleşinceye kadar Orta sıcaklıkta 8 dakika boyunca mikrodalgada tutun. Tavada 10 dakika bekletin, ardından çubuklar halinde kesin ve soğumayı tamamlamak için bir rafa çevirin.

Mikrodalga İncirli Ekmek

Bir adet 1½ lb/675 g somun yapar

100 g/4 oz/2 bardak kepek

50g/2oz/¼ bardak açık kahverengi şeker

45 ml/3 yemek kaşığı hafif bal

100 g/4 oz/2/3 bardak doğranmış kuru incir

50g/2oz/½ bardak kıyılmış fındık

300 ml/½ pt/1¼ bardak süt

100 g/4 oz/1 su bardağı tam buğday unu (tam buğday)

10 ml/2 çay kaşığı kabartma tozu

bir tutam tuz

Sert bir hamur elde edene kadar tüm malzemeleri karıştırın. Mikrodalgaya dayanıklı bir somun tavası oluşturun ve yüzeyi düzleştirin. 7 dakika boyunca yüksek ateşte pişirin. Tavada 10 dakika soğumaya bırakın, ardından soğumayı tamamlamak için bir tel ızgaraya çevirin.

Mikrodalga krep

24 önce

6 oz/175 g/¾ bardak tereyağı veya margarin, yumuşatılmış

50g/2oz/¼ bardak pudra şekeri (çok ince)

50g/2oz/¼ bardak açık kahverengi şeker

90 ml/6 yemek kaşığı altın şurubu (hafif mısır)

bir tutam tuz

275 g/10 oz/2½ bardak yulaf ezmesi

Tereyağı veya margarini ve şekeri geniş bir kapta karıştırın ve 1 dakika boyunca yüksek ateşte pişirin. Kalan malzemeleri ekleyin ve iyice karıştırın. Karışımı yağlanmış 18cm/7inç mikrodalgaya dayanıklı bir kaba dökün ve hafifçe bastırın. 5 dakika boyunca yüksek ateşte pişirin. Biraz soğumaya bırakın, ardından kareler halinde kesin.

Mikrodalgada meyveli kek

18 cm/7 inçlik bir pasta yapar

6 oz/175 g/¾ bardak tereyağı veya margarin, yumuşatılmış

175g/6oz/¾ bardak pudra şekeri (çok ince)

1 limonun rendelenmiş kabuğu

3 çırpılmış yumurta

225g/8oz/2 su bardağı sade un (çok amaçlı)

5 ml/1 çay kaşığı öğütülmüş karışık baharatlar (elmalı turta)

225 g/8 oz/11/3 su bardağı kuru üzüm

225 g/8 oz/11/3 bardak kuru üzüm (altın kuru üzüm)

50 g/2 oz/¼ bardak sırlı kiraz (şekerlenmiş)

50g/2oz/½ bardak kıyılmış karışık fındık

15 ml/1 yemek kaşığı altın şurubu (hafif mısır)

45 ml/3 yemek kaşığı brendi

Tereyağı veya margarini ve şekeri hafif ve kabarık olana kadar çırpın. Limon kabuğunu ekleyip karıştırın, ardından yumurtaları yavaş yavaş ekleyerek çırpın. Unu ve karışık baharatları ekleyin, ardından geri kalan malzemeleri karıştırın. Yağlanmış ve astarlı 18 cm/7 inçlik, mikrodalgaya dayanıklı yuvarlak bir tabağa dökün ve mikrodalganın düşük ayarında, ortasına batırdığınız kürdan temiz çıkana kadar 35 dakika pişirin. Tavada 10 dakika soğumaya bırakın, ardından soğumayı tamamlamak için bir tel ızgaraya çevirin.

Mikrodalga Meyve ve Hindistan Cevizi Kareleri

8 önce

50 g/2 oz/¼ bardak tereyağı veya margarin

9 sindirim bisküvisi (Graham kraker), ezilmiş

50g/2oz/½ bardak kurutulmuş hindistan cevizi (rendelenmiş)

100 g/4 oz/2/3 bardak karışık doğranmış kabuk (şekerlenmiş)

50 g/2 oz/1/3 bardak çekirdekleri çıkarılmış hurma (çekirdekleri çıkarılmış), doğranmış

15 ml/1 yemek kaşığı sade un (çok amaçlı)

25 g/2 yemek kaşığı sırlı kiraz (şekerlenmiş), doğranmış

100 gr/4 oz/1 su bardağı kıyılmış ceviz

150 ml/¼ pt/2/3 su bardağı yoğunlaştırılmış süt

Tereyağı veya margarini 20 cm/8 inç kare mikrodalgaya dayanıklı bir tabakta 40 saniye boyunca yüksek sıcaklıkta eritin. Kurabiye kırıntılarını ekleyin ve tabağın tabanına eşit şekilde dağıtın. Hindistan cevizini, ardından karışık kabuğu serpin. Hurmaları un, kiraz ve cevizle karıştırıp üzerine serpin, ardından sütü üzerine dökün. 8 dakika boyunca yüksek sıcaklıkta mikrodalga. Plaka üzerinde soğumaya bırakın, ardından kareler halinde kesin.

Mikrodalga Fudge Kek

20 cm/8 inçlik bir pasta yapar

150g/5oz/1¼ bardak sade un (çok amaçlı)

5 ml/1 çay kaşığı kabartma tozu

Bir tutam karbonat (kabartma tozu)

bir tutam tuz

300g/10oz/1¼ bardak pudra şekeri (çok ince)

50 g/2 oz/¼ bardak tereyağı veya margarin, yumuşatılmış

250 ml/8 fl oz/1 bardak süt

Birkaç damla vanilya özü (özü)

1 yumurta

100g/4oz/1 bardak doğal çikolata (yarı tatlı), doğranmış

50g /2 oz/½ bardak kıyılmış karışık fındık

Çikolatalı Tereyağlı Krema

Un, kabartma tozu, kabartma tozu ve tuzu karıştırın. Şekeri ekleyin, ardından tereyağı veya margarini, sütü ve vanilya özünü pürüzsüz hale gelinceye kadar çırpın. Yumurtayı çırpın. Çikolatanın dörtte üçünü eriyene kadar 2 dakika yüksek sıcaklıkta mikrodalgada tutun, ardından krema kıvamına gelinceye kadar kek karışımına çırpın. Fındıkları ekleyin. Karışımı iki adet yağlanmış ve unlanmış 8/20 cm'lik mikrodalga kabına dökün ve her birini ayrı ayrı 8 dakika mikrodalgada tutun. Fırından çıkarın, alüminyum folyoyla örtün ve 10 dakika soğumaya bırakın, ardından soğumayı tamamlamak için tel ızgara üzerine çevirin. Tereyağlı kremanın (dondurma) yarısıyla birlikte sandviç yapın, ardından kalan kremayı üstüne yayın ve ayrılmış çikolatayla süsleyin.

Mikrodalga Zencefilli Kurabiye

20 cm/8 inçlik bir pasta yapar

50 g/2 oz/¼ bardak tereyağı veya margarin

3 oz/75 g/¼ bardak siyah şerit pekmezi (pekmez)

15 ml/1 yemek kaşığı pudra şekeri (çok ince)

100g/4oz/1 su bardağı sade un (çok amaçlı)

5 ml/1 çay kaşığı öğütülmüş zencefil

2,5 ml/½ çay kaşığı öğütülmüş karışık baharatlar (elmalı turta)

2,5 ml/½ çay kaşığı kabartma tozu (kabartma tozu)

1 çırpılmış yumurta

Tereyağı veya margarini bir kaseye koyun ve mikrodalgayı 30 saniye boyunca yüksek sıcaklıkta tutun. Pekmezi ve şekeri ekleyip mikrodalganın yüksek ayarında 1 dakika pişirin. Unu, baharatları ve kabartma tozunu ekleyin. Yumurtayı çırpın. Karışımı yağlanmış 1,5 litrelik/2½ pint/6 fincanlık bir kaba dökün ve mikrodalgayı 4 dakika boyunca yüksek sıcaklıkta çalıştırın. Plakanın üzerinde 5 dakika soğumaya bırakın, ardından soğumayı tamamlamak için tel ızgaraya çevirin.

Mikrodalga zencefil çubukları

12 önce

Kek için:

150 g/5 oz/2/3 bardak tereyağı veya margarin, yumuşatılmış

50g/2oz/¼ bardak pudra şekeri (çok ince)

100g/4oz/1 su bardağı sade un (çok amaçlı)

2,5 ml/½ çay kaşığı kabartma tozu

5 ml/1 çay kaşığı öğütülmüş zencefil

Kapsam için:

15 g/½ oz/1 yemek kaşığı tereyağı veya margarin

15 ml/1 yemek kaşığı altın şurubu (hafif mısır)

Birkaç damla vanilya özü (özü)

5 ml/1 çay kaşığı öğütülmüş zencefil

50 gr/2 oz/1/3 su bardağı pudra şekeri

Pastayı yapmak için tereyağı veya margarini ve şekeri hafif ve kabarık olana kadar krema haline getirin. Unu, kabartma tozunu ve zencefili ekleyip pürüzsüz bir hamur elde edene kadar karıştırın. 20 cm/8 inçlik kare bir mikrodalga kabına bastırın ve sertleşinceye kadar Orta sıcaklıkta 6 dakika boyunca mikrodalgada tutun.

Üzerini hazırlamak için tereyağı veya margarini ve şurubu eritin. Vanilya özünü, zencefili ve pudra şekerini ekleyip koyulaşana kadar çırpın. Sıcak kekin üzerine eşit şekilde yayın. Plaka üzerinde soğumaya bırakın, ardından çubuk veya kare şeklinde kesin.

Mikrodalgada altın kek

20 cm/8 inçlik bir pasta yapar

Kek için:

100 g/4 oz/½ bardak tereyağı veya margarin, yumuşatılmış

100g/4oz/½ bardak pudra şekeri (çok ince)

2 yumurta, hafifçe dövülmüş

Birkaç damla vanilya özü (özü)

225g/8oz/2 su bardağı sade un (çok amaçlı)

10 ml/2 çay kaşığı kabartma tozu

bir tutam tuz

60 ml/4 yemek kaşığı süt

Sır için (buzlanma):

50 g/2 oz/¼ bardak tereyağı veya margarin, yumuşatılmış

100 gr/4 oz/2/3 su bardağı pudra şekeri

Birkaç damla vanilya özü (ekstresi) (isteğe bağlı)

Pastayı yapmak için tereyağı veya margarini ve şekeri hafif ve kabarık olana kadar kremalayın. Yumurtaları yavaş yavaş çırpın, ardından un, kabartma tozu ve tuzu ekleyin. Pürüzsüz, damlayan bir kıvam elde etmek için yeterli miktarda süt ekleyin. İki adet yağlanmış ve unlanmış 8/20 cm'lik mikrodalgaya dayanıklı tabağa paylaştırın ve her bir keki ayrı ayrı yüksek sıcaklıkta 6 dakika pişirin. Fırından çıkarın, alüminyum folyoyla örtün ve 5 dakika soğumaya bırakın, ardından soğumayı tamamlamak için tel ızgara üzerine çevirin.

Kremayı hazırlamak için tereyağı veya margarini pürüzsüz hale gelinceye kadar çırpın, ardından istenirse pudra şekeri ve vanilya özütünü ekleyin. Kekleri kremanın yarısıyla eşleştirin, sonra geri kalanını üstüne yayın.

Mikrodalga Ballı Fındıklı Kek

18 cm/7 inçlik bir pasta yapar

150 g/5 oz/2/3 bardak tereyağı veya margarin, yumuşatılmış

100 g/4 oz/½ bardak yumuşak kahverengi şeker

45 ml/3 yemek kaşığı hafif bal

3 çırpılmış yumurta

225g/8oz/2 bardak kendi kendine kabaran un

100 g/4 oz/1 bardak öğütülmüş fındık

45 ml/3 yemek kaşığı süt

tereyağı sır

Tereyağı veya margarini, şekeri ve balı hafif ve kabarık olana kadar çırpın. Yumurtaları azar azar ekleyin, ardından unu, fındığı ve yeterli sütü ekleyerek pürüzsüz bir kıvam elde edin. 18 cm/7 inç mikrodalgaya dayanıklı bir tabağa dökün ve orta ateşte 7 dakika pişirin. Tavada 5 dakika soğumaya bırakın, ardından soğumayı tamamlamak için bir tel ızgaraya çevirin. Pastayı yatay olarak ikiye bölün, ardından tereyağlı krema (dondurma) ile sandviçleyin.

Çiğnenebilir Mikrodalgada Müsli Barlar

yaklaşık 10 önce

100 g/4 oz/½ bardak tereyağı veya margarin

175 g/6 oz/½ bardak hafif bal

50 g/2 oz/1/3 bardak yemeye hazır kuru kayısı, doğranmış

50 g/2 oz/1/3 bardak çekirdekleri çıkarılmış hurma (çekirdekleri çıkarılmış), doğranmış

3 oz/75 g/¾ bardak kıyılmış karışık kuruyemiş

100 g/4 oz/1 bardak yulaf ezmesi

100 g/4 oz/½ bardak yumuşak kahverengi şeker

1 çırpılmış yumurta

25 g/1 oz/2 yemek kaşığı kendiliğinden kabaran un

Tereyağı veya margarini ve balı bir kaseye koyun ve yüksek ateşte 2 dakika pişirin. Geriye kalan tüm malzemeleri karıştırın. 20 cm/8 inçlik bir mikrodalga fırın tepsisine dökün ve mikrodalgayı 8 dakika boyunca yüksek sıcaklıkta çalıştırın. Biraz soğumaya bırakın, ardından kareler veya dilimler halinde kesin.

Mikrodalga Cevizli Turta

20 cm/8 inçlik bir pasta yapar

150g/5oz/1¼ bardak sade un (çok amaçlı)

bir tutam tuz

5 ml/1 çay kaşığı öğütülmüş tarçın

75 gr/3 oz/1/3 su bardağı yumuşak esmer şeker

75 g/3 oz/1/3 su bardağı pudra şekeri (çok ince)

75 ml/5 yemek kaşığı sıvı yağ

25 g/1 oz/¼ bardak kıyılmış ceviz

5 ml/1 çay kaşığı kabartma tozu

2,5 ml/½ çay kaşığı kabartma tozu (kabartma tozu)

1 yumurta

150 ml/¼ pt/2/3 su bardağı ekşi süt

Unu, tuzu ve tarçının yarısını karıştırın. Şekerleri ekleyin, ardından iyice karışana kadar yağı çırpın. Karışımın 90 ml/6 yemek kaşığını çıkarın ve cevizi ve kalan tarçını ekleyip karıştırın. Karışımın büyük kısmına kabartma tozu, kabartma tozu, yumurta ve sütü ekleyin ve pürüzsüz hale gelinceye kadar çırpın. Ana karışımı yağlanmış ve unlanmış, mikrodalgaya dayanıklı 20 cm/8 inçlik bir kaba dökün ve üzerine fındık karışımını serpin. 8 dakika boyunca yüksek sıcaklıkta mikrodalga. 10 dakika kadar tavada soğumaya bırakın ve sıcak olarak servis yapın.

Mikrodalga Portakal Suyu Kek

20 cm/8 inçlik bir pasta yapar

250g/9oz/2¼ bardak sade un (çok amaçlı)

225g/8oz/1 su bardağı toz şeker

15 ml/1 yemek kaşığı kabartma tozu

2,5 ml/½ çay kaşığı tuz

60 ml/4 yemek kaşığı sıvı yağ

250 ml/8 fl oz/2 bardak portakal suyu

2 yumurta, ayrılmış

100g/4oz/½ bardak pudra şekeri (çok ince)

Portakal Tereyağlı Krema

Turuncu Sır

Un, toz şeker, kabartma tozu, tuz, yağ ve portakal suyunun yarısını karıştırıp iyice karışana kadar çırpın. Yumurta sarısını ve kalan portakal suyunu pürüzsüz ve hafif oluncaya kadar çırpın. Yumurta aklarını sertleşene kadar çırpın, ardından pudra şekerinin yarısını ekleyin ve kalın ve parlak olana kadar çırpın. Kalan şekeri ekleyin, ardından yumurta aklarını kek karışımına katlayın. İki adet yağlanmış ve unlanmış 8/20 cm'lik mikrodalgaya dayanıklı tabakta servis yapın ve her birini ayrı ayrı yüksek sıcaklıkta 6 ila 8 dakika mikrodalgada tutun. Fırından çıkarın, alüminyum folyoyla örtün ve 5 dakika soğumaya bırakın, ardından soğumayı tamamlamak için tel ızgara üzerine çevirin. Kekleri portakallı tereyağlı krema (dondurma) ile eşleştirin ve portakallı kremayı üstüne yayın.

Mikrodalga Pavlova

23 cm/9 inçlik bir pasta yapar

4 yumurta akı

225g/8oz/1 bardak pudra şekeri (çok ince)

2,5 ml/½ çay kaşığı vanilya özü (ekstresi)

Birkaç damla şarap sirkesi

150 ml/¼ pt/2/3 bardak krem şanti

1 kivi, dilimlenmiş

100g/4oz çilek, dilimlenmiş

Yumurta aklarını yumuşak zirveler oluşana kadar çırpın. Şekerin yarısını serpip iyice çırpın. Geri kalan şekeri, vanilya özünü ve sirkeyi azar azar ekleyip eriyene kadar çırpın. Karışımı bir parça pişirme kağıdının üzerine 9/23 cm'lik bir daireye dökün. Mikrodalgayı 2 dakika boyunca yüksek sıcaklıkta ısıtın. Mikrodalgada kapısı açık şekilde 10 dakika kadar bekletin. Fırından çıkarın, koruyucu kağıdı çıkarın ve soğumaya bırakın. Kremayı sertleşene kadar çırpın ve bezenin üzerine yayın. Meyveleri çekici bir şekilde üstüne yerleştirin.

mikrodalga kek

20 cm/8 inçlik bir pasta yapar

225g/8oz/2 su bardağı sade un (çok amaçlı)

15 ml/1 yemek kaşığı kabartma tozu

50g/2oz/¼ bardak pudra şekeri (çok ince)

100 g/4 oz/½ bardak tereyağı veya margarin

75 ml/5 yemek kaşığı tek krema (hafif)

1 yumurta

Unu, kabartma tozunu ve şekeri karıştırın, ardından tereyağı veya margarini ekleyerek ekmek kırıntısı görünümü alana kadar ovalayın. Krema ve yumurtayı karıştırın, ardından unlu karışıma ekleyerek yumuşak bir hamur elde edene kadar karıştırın. Yağlanmış 20 cm/8 inçlik, mikrodalgaya dayanıklı bir kaba bastırın ve mikrodalgayı 6 dakika boyunca yüksek sıcaklıkta çalıştırın. 4 dakika dinlenmeye bırakın, ardından kalıptan çıkarın ve bir raf üzerinde soğutmayı tamamlayın.

Mikrodalga Çilekli Kurabiye

20 cm/8 inçlik bir pasta yapar

900g/2lb çilek, kalın dilimlenmiş

225g/8oz/1 bardak pudra şekeri (çok ince)

225g/8oz/2 su bardağı sade un (çok amaçlı)

15 ml/1 yemek kaşığı kabartma tozu

175 g/6 oz/¾ fincan tereyağı veya margarin

75 ml/5 yemek kaşığı tek krema (hafif)

1 yumurta

150 ml/¼ pt/2/3 su bardağı çift krema (ağır), çırpılmış

Çilekleri 175 g/¾ bardak şekerle karıştırın ve en az 1 saat soğutun.

Unu, kabartma tozunu ve kalan şekeri karıştırın, ardından karışım galeta unu gibi görünene kadar 100gr/½ bardak tereyağı veya margarinle ovalayın. Krema ve yumurtayı karıştırın, ardından unlu karışıma ekleyerek yumuşak bir hamur elde edene kadar karıştırın. Yağlanmış 20 cm/8 inçlik, mikrodalgaya dayanıklı bir kaba bastırın ve mikrodalgayı 6 dakika boyunca yüksek sıcaklıkta çalıştırın. 4 dakika dinlendirin, sonra kalıptan çıkarın ve hala sıcakken ortasını bölün. Soğumaya bırakın.

Kalan tereyağı veya margarini her iki kesilmiş yüzeye yayın. Çırpılmış kremanın üçte birini tabanın üzerine yayın, ardından çileklerin dörtte üçünü ekleyin. Kremanın üçte birini daha dökün ve üzerine ikinci keki yerleştirin. Kalan kremayı ve çilekleri üstüne ekleyin.

Mikrodalga Kek

18 cm/7 inçlik bir pasta yapar

150g/5oz/1¼ bardak kendi kendine kabaran un

100 g/4 oz/½ bardak tereyağı veya margarin

100g/4oz/½ bardak pudra şekeri (çok ince)

2 yumurta

30 ml/2 yemek kaşığı süt

Tüm malzemeleri pürüzsüz olana kadar çırpın. Tabanı astarlı 18 cm/7 inçlik bir mikrodalga tabağına kaşıkla dökün ve Medium'da 6 dakika boyunca mikrodalgada pişirin. Tavada 5 dakika soğumaya bırakın, ardından soğumayı tamamlamak için bir tel ızgaraya çevirin.

Sultana Mikrodalga Barlar

12 önce

175 g/6 oz/¾ fincan tereyağı veya margarin

100g/4oz/½ bardak pudra şekeri (çok ince)

15 ml/1 yemek kaşığı altın şurubu (hafif mısır)

75 g/3 oz/½ fincan kuru üzüm (altın kuru üzüm)

5 ml/1 çay kaşığı rendelenmiş limon kabuğu

225g/8oz/2 bardak kendi kendine kabaran un

Sır için (buzlanma):

175g/6oz/1 su bardağı pudra şekeri

30 ml/2 yemek kaşığı limon suyu

Mikrodalgada tereyağı veya margarin, pudra şekeri ve şurup 2 dakika boyunca Medium'da. Kuru üzümleri ve limon kabuğu rendesini ekleyin. Unu ekleyin. Yağlanmış ve astarlı 20cm/8inç kare mikrodalgaya dayanıklı bir tabağa kaşıkla dökün ve mikrodalgada Orta ayarda sertleşene kadar 8 dakika pişirin. Hafifçe soğutun.

Bir kaseye pudra şekerini koyup ortasını havuz gibi açıyoruz. Pürüzsüz bir sır elde etmek için limon suyunu yavaş yavaş karıştırın. Hala sıcakken kekin üzerine yayın, ardından tamamen soğumaya bırakın.

Mikrodalga Çikolatalı Kurabiyeler

24 önce

225 g/1 bardak tereyağı veya margarin, yumuşatılmış

100g/4oz/½ bardak koyu kahverengi şeker

5 ml/1 çay kaşığı vanilya özü (ekstresi)

225g/8oz/2 bardak kendi kendine kabaran un

50g/2oz/½ fincan içme çikolata tozu

Tereyağı, şeker ve vanilya özünü hafif ve kabarık olana kadar çırpın. Unu ve çikolatayı yavaş yavaş ekleyerek pürüzsüz bir hamur elde edene kadar karıştırın. Ceviz büyüklüğünde toplar yapın, yağlanmış mikrodalga fırın tepsisine altışar adet yerleştirin ve çatalla hafifçe düzleştirin. Tüm bisküviler pişene kadar her partiyi 2 dakika boyunca yüksek sıcaklıkta mikrodalgada tutun. Bir raf üzerinde soğumaya bırakın.

Mikrodalga Hindistan Cevizli Kurabiye

24 önce

50 g/2 oz/¼ bardak tereyağı veya margarin, yumuşatılmış

75 g/3 oz/1/3 su bardağı pudra şekeri (çok ince)

1 yumurta, hafifçe çırpılmış

2,5 ml/½ çay kaşığı vanilya özü (ekstresi)

75 g/3 oz/¾ bardak sade un (çok amaçlı)

25 g/1 oz/¼ bardak kurutulmuş hindistan cevizi (rendelenmiş)

bir tutam tuz

30 ml/2 yemek kaşığı çilek reçeli (koru)

Tereyağı veya margarini ve şekeri hafif ve kabarık olana kadar çırpın. Yumurta ve vanilya özünü dönüşümlü olarak un, hindistan cevizi ve tuzla birlikte ekleyip yumuşak bir hamur elde edene kadar karıştırın. Ceviz büyüklüğünde toplar yapın ve yağlanmış mikrodalga fırın tepsisine altışar adet yerleştirin, ardından çatalla hafifçe bastırarak düzleştirin. Sertleşene kadar 3 dakika boyunca yüksek sıcaklıkta mikrodalga fırınlayın. Tel rafa aktarın ve her kurabiyenin ortasına bir parça reçel koyun. Kalan çerezlerle tekrarlayın.

Mikrodalga Floransalılar

12 önce

50 g/2 oz/¼ bardak tereyağı veya margarin

50g/2oz/¼ bardak demerara şekeri

15 ml/1 yemek kaşığı altın şurubu (hafif mısır)

50 g/2 oz/¼ bardak sırlı kiraz (şekerlenmiş)

75 g/3 oz/¾ bardak kıyılmış ceviz

25 g/1 oz/3 yemek kaşığı kuru üzüm (altın kuru üzüm)

25 g/1 oz/¼ bardak pullanmış badem (dilimlenmiş)

30 ml/2 yemek kaşığı karışık doğranmış kabuğu (şekerlenmiş)

25 g/1 oz/¼ bardak sade un (çok amaçlı)

100 g/4 oz/1 bardak doğal çikolata (yarı tatlı), doğranmış (isteğe bağlı)

Mikrodalgada tereyağı veya margarin, şeker ve şurup eriyene kadar 1 dakika boyunca yüksek sıcaklıkta. Kirazları, cevizleri, kuru üzümleri ve bademleri ekleyin, ardından karışık kabuğu ve unu ekleyip karıştırın. Karışımdan çay kaşığını aralıklı olarak yağlı kağıt (balmumu) üzerine yerleştirin ve her seferde dört tanesini yüksek ateşte 1½ dakika pişirin. Kenarları bir bıçakla parlatın, kağıdın üzerinde 3 dakika soğumaya bırakın, ardından soğumayı tamamlamak için bir tel rafa aktarın. Kalan çerezlerle tekrarlayın. İsterseniz çikolatayı bir kapta 30 saniye eritin ve florentinelerin bir tarafına yayıp soğumaya bırakın.

Mikrodalga fındıklı ve vişneli kurabiye

24 önce

100 g/4 oz/½ bardak tereyağı veya margarin, yumuşatılmış

100g/4oz/½ bardak pudra şekeri (çok ince)

1 çırpılmış yumurta

175g/6oz/1½ su bardağı sade un (çok amaçlı)

50 g/2 oz/½ bardak öğütülmüş fındık

100 g/4 oz/½ bardak sırlı kiraz (şekerlenmiş)

Tereyağı veya margarini ve şekeri hafif ve kabarık olana kadar çırpın. Yumurtayı yavaş yavaş çırpın, ardından unu, fındığı ve vişneyi ekleyip çırpın. Mikrodalgaya uygun pişirme (kurabiye) tabakalarına eşit aralıklarla yemek kaşığı koyun ve sekiz bisküviyi (kurabiye) sertleşinceye kadar yaklaşık 2 dakika boyunca yüksek sıcaklıkta aynı anda mikrodalgada pişirin.

Sultana Mikrodalga Kurabiyeleri

24 önce

225g/8oz/2 su bardağı sade un (çok amaçlı)

5 ml/1 çay kaşığı öğütülmüş karışık baharatlar (elmalı turta)

6 oz/175 g/¾ bardak tereyağı veya margarin, yumuşatılmış

100 g/4 oz/2/3 bardak kuru üzüm (altın kuru üzüm)

175g/6oz/¾ bardak demerara şekeri

Unu ve karışık baharatları karıştırın, ardından tereyağı veya margarini, kuru üzümleri ve 100gr/½ bardak şekeri ekleyerek yumuşak bir hamur elde edin. Yaklaşık 18 cm uzunluğunda iki sosis şeklinde yuvarlayın ve kalan şekeri yuvarlayın. Dilimler halinde kesin ve yağlanmış bir mikrodalga kurabiye tepsisine altışar tanesini yerleştirin ve mikrodalgayı 2 dakika boyunca yüksek sıcaklıkta tutun. Bir raf üzerinde soğumaya bırakın ve keklerin (kurabiyelerin) geri kalanıyla aynı işlemi tekrarlayın.

Mikrodalga Muzlu Ekmek

Bir adet 450g/1lb somun yapar

75 g/3 oz/1/3 su bardağı tereyağı veya margarin, yumuşatılmış

175g/6oz/¾ bardak pudra şekeri (çok ince)

2 yumurta, hafifçe dövülmüş

200g/7oz/1¾ bardak sade un (çok amaçlı)

10 ml/2 çay kaşığı kabartma tozu

2,5 ml/½ çay kaşığı kabartma tozu (kabartma tozu)

bir tutam tuz

2 adet olgun muz

15 ml/1 yemek kaşığı limon suyu

60 ml/4 yemek kaşığı süt

50g/2oz/½ bardak kıyılmış ceviz

Tereyağı veya margarini ve şekeri hafif ve kabarık olana kadar çırpın. Yumurtaları yavaş yavaş çırpın, ardından un, kabartma tozu, kabartma tozu ve tuzu ekleyin. Muzları limon suyuyla ezin, ardından süt ve cevizli karışıma ekleyin. Yağlanmış ve unlanmış 450g/1lb'lik mikrodalgaya dayanıklı kalıba dökün ve mikrodalgayı yüksek sıcaklıkta 12 dakika boyunca çalıştırın. Fırından çıkarın, alüminyum folyoyla örtün ve 10 dakika soğumaya bırakın, ardından soğumayı tamamlamak için tel ızgara üzerine çevirin.

Mikrodalga Peynirli Ekmek

Bir adet 450g/1lb somun yapar

50 g/2 oz/¼ bardak tereyağı veya margarin

250 ml/8 fl oz/1 bardak süt

2 yumurta, hafifçe dövülmüş

225g/8oz/2 su bardağı sade un (çok amaçlı)

10 ml/2 çay kaşığı kabartma tozu

10 ml/2 çay kaşığı hardal tozu

2,5 ml/½ çay kaşığı tuz

6 oz/175 g/1½ bardak Çedar peyniri, rendelenmiş

Tereyağı veya margarini küçük bir kapta yüksek ateşte 1 dakika eritin. Süt ve yumurta ekleyin. Unu, kabartma tozunu, hardalı, tuzu ve 100g/4oz/1 bardak peyniri karıştırın. İyice karışana kadar süt karışımını ekleyin. Mikrodalgaya dayanıklı bir somun tavasına (tavaya) dökün ve 9 dakika boyunca yüksek sıcaklıkta mikrodalgada tutun. Kalan peyniri serpin, alüminyum folyoyla örtün ve 20 dakika dinlendirin.

Mikrodalga Cevizli Ekmek

Bir adet 450g/1lb somun yapar

225g/8oz/2 su bardağı sade un (çok amaçlı)

300g/10oz/1¼ bardak pudra şekeri (çok ince)

5 ml/1 çay kaşığı kabartma tozu

bir tutam tuz

100 g/4 oz/½ bardak tereyağı veya margarin, yumuşatılmış

150 ml/¼ pt/2/3 su bardağı süt

2,5 ml/½ çay kaşığı vanilya özü (ekstresi)

4 yumurta akı

50g/2oz/½ bardak kıyılmış ceviz

Unu, şekeri, kabartma tozunu ve tuzu karıştırın. Tereyağı veya margarini, ardından sütü ve vanilya özünü ekleyin. Yumurta aklarını krema kıvamına gelene kadar çırpın, ardından cevizi ekleyip çırpın. Yağlanmış ve unlanmış 450g/1lb'lik mikrodalgaya dayanıklı kalıba dökün ve mikrodalgayı yüksek sıcaklıkta 12 dakika boyunca çalıştırın. Fırından çıkarın, alüminyum folyoyla örtün ve 10 dakika soğumaya bırakın, ardından soğumayı tamamlamak için tel ızgara üzerine çevirin.

Amaretti keki fırınsız

20 cm/8 inçlik bir pasta yapar

100 g/4 oz/½ bardak tereyağı veya margarin

175 g/6 oz/1½ bardak doğal çikolata (yarı tatlı)

75gr/3oz Amaretti bisküvileri (bisküvi), kabaca ezilmiş

175 g/6 oz/1½ su bardağı kıyılmış ceviz

50 g/2 oz/½ bardak çam fıstığı

3 oz/75 g/1/3 bardak sırlı kiraz (şekerlenmiş), doğranmış

30 ml/2 yemek kaşığı Grand Marnier

225g/8oz/1 bardak mascarpone peyniri

Tereyağını veya margarini ve çikolatayı, kaynayan su dolu bir tencerenin üzerine yerleştirilmiş ısıya dayanıklı bir kapta eritin. Ateşten alın ve kurabiyeleri, fındıkları ve kirazları ekleyin. Streç film (plastik ambalaj) kaplı bir sandviç kalıbına (tavaya) dökün ve hafifçe bastırın. Ayarlanana kadar 1 saat soğutun. Servis tabağına alıp şeffaf filmi çıkarın. Grand Marnier'i Mascarpone'a çırpın ve tabanın üzerine dökün.

Çıtır Amerikan Pirinç Barları

Yaklaşık 24 bar yapar.

50 g/2 oz/¼ bardak tereyağı veya margarin

225g/8oz beyaz marshmallow

5 ml/1 çay kaşığı vanilya özü (ekstresi)

150 g/5 oz/5 bardak şişirilmiş pirinç gevreği

Tereyağı veya margarini geniş bir tavada kısık ateşte eritin. Marshmallowları ekleyin ve marshmallowlar eriyene ve karışım şurup kıvamına gelinceye kadar sürekli karıştırarak pişirin. Ateşten alıp vanilya özünü ekleyin. Eşit şekilde kaplanana kadar pirinç gevreği ekleyin. 23 cm/9 inçlik kare bir kalıba bastırın ve çubuklar halinde kesin. Dinlenelim.

Kayısı kareleri

12 önce

50 g/2 oz/¼ bardak tereyağı veya margarin

175g/6oz/1 küçük kutu buharlaştırılmış süt

15 ml/1 yemek kaşığı hafif bal

45 ml/3 yemek kaşığı elma suyu

50g/2oz/¼ bardak açık kahverengi şeker

50 gr/2 oz/1/3 bardak kuru üzüm (altın kuru üzüm)

225 g/8 oz/11/3 bardak yemeye hazır kuru kayısı, doğranmış

100 g/4 oz/1 su bardağı kurutulmuş hindistan cevizi (rendelenmiş)

225 g/8 oz/2 su bardağı yulaf ezmesi

Tereyağı veya margarini süt, bal, elma suyu ve şekerle eritin. Kalan malzemelerle karıştırın. Yağlanmış 25 cm/12 inçlik bir fırın tepsisine bastırın ve kareler halinde kesmeden önce soğutun.

Kayısılı İsviçre Rulo Kek

23 cm/9 inçlik bir pasta yapar

400g/14oz/1 büyük kutu kayısı yarımları, suyu süzülmüş ve suyu ayrılmış

50 g/2 oz/½ bardak muhallebi tozu

75 g/3 oz/¼ bardak kayısı jelatini (şeffaf konserve)

75 g/3 oz/½ bardak yemeye hazır kuru kayısı, doğranmış

400g/14oz/1 büyük kutu yoğunlaştırılmış süt

225 g/8 oz/1 bardak süzme peynir

45 ml/3 yemek kaşığı limon suyu

1 İsviçre rulosu, dilimlenmiş

500 ml/17 fl oz/2¼ bardak elde etmek için kayısı suyunu suyla hazırlayın. Muhallebi tozunu sıvının bir kısmıyla macun haline getirin, ardından geri kalanını kaynatın. Muhallebi ve kayısı jölesini ekleyip kısık ateşte sürekli karıştırarak koyu ve parlak bir kıvam alana kadar pişirin. Konserve kayısıları ezin ve kuru kayısılarla birlikte karışıma ekleyin. Ara sıra karıştırarak soğumaya bırakın.

Yoğunlaştırılmış süt, süzme peynir ve limon suyunu iyice karışana kadar çırpın, ardından jelatin karışımına karıştırın. 23 cm/9 inçlik bir kek kalıbını plastik ambalajla kaplayın ve rulo (jöle) dilimlerini tavanın tabanına ve yanlarına yerleştirin. Kek karışımını dökün ve katılaşana kadar soğutun. Servis yapmaya hazır olduğunuzda dikkatlice kalıptan çıkarın.

Kırık Kurabiye Kekleri

12 önce

100 g/4 oz/½ bardak tereyağı veya margarin

30 ml/2 yemek kaşığı pudra şekeri (çok ince)

15 ml/1 yemek kaşığı altın şurubu (hafif mısır)

30 ml/2 yemek kaşığı kakao (şekersiz çikolata) tozu

225 g/8 oz/2 bardak kırık bisküvi kırıntısı

50 gr/2 oz/1/3 bardak kuru üzüm (altın kuru üzüm)

Tereyağını veya margarini şeker ve şurupla birlikte, karışımı kaynatmadan eritin. Kakaoyu, kurabiyeleri ve kuru üzümleri ekleyin. Yağlanmış 25cm/10 fırın tepsisine (tepsi) bastırın, soğumaya bırakın ve sertleşinceye kadar soğutun. Kareler halinde kesin.

Fırında Ayran Turtası Yok

23 cm/9 inçlik bir pasta yapar

30 ml/2 yemek kaşığı krema tozu

100g/4oz/½ bardak pudra şekeri (çok ince)

450 ml/¾ pt/2 bardak süt

175 ml/6 fl oz/¾ bardak ayran

25 g/1 oz/2 yemek kaşığı tereyağı veya margarin

400g/12oz sade bisküvi (kurabiye), ezilmiş

120 ml/4 fl oz/½ bardak krem şanti

Pastacı kremasını ve şekeri biraz sütle macun kıvamına gelinceye kadar karıştırın. Kalan sütü kaynatın. Makarnaya karıştırın, ardından karışımın tamamını tavaya geri koyun ve koyulaşana kadar yaklaşık 5 dakika kısık ateşte karıştırın. Ayran ve tereyağı veya margarini ekleyin. Ezilmiş kurabiyeleri ve muhallebi karışımını plastik ambalajla veya cam tabakla kaplı 9 inç / 23 cm'lik bir kek kalıbına kaşıkla dökün. Yavaşça bastırın ve sertleşene kadar soğutun. Kremayı sertleşene kadar çırpın, ardından kremalı rozetleri kekin üzerine sıkın. Plakadan servis yapın veya servis yapmak için dikkatlice kaldırın.

kestane dilimi

Bir adet 900gr/2lb somun yapar

8 oz/225 g/2 bardak doğal çikolata (yarı tatlı)

100 g/4 oz/½ bardak tereyağı veya margarin, yumuşatılmış

100g/4oz/½ bardak pudra şekeri (çok ince)

450 g/1 lb/1 büyük kutu şekersiz kestane püresi

25 g/1 oz/¼ bardak pirinç unu

Birkaç damla vanilya özü (özü)

150 ml/¼ pt/2/3 su bardağı krem şanti, çırpılmış

Süslemek için rendelenmiş çikolata

Doğal çikolatayı, kaynayan su dolu bir tencerenin üzerinde ısıya dayanıklı bir kapta eritin. Tereyağı veya margarini ve şekeri hafif ve kabarık olana kadar çırpın. Kestane püresini, çikolatayı, pirinç ununu ve vanilya özünü ekleyin. Yağlanmış ve astarlanmış 900 g/2 lb'lik somun kalıbına dönüştürün ve sertleşinceye kadar soğutun. Servis yapmadan önce krem şanti ve rendelenmiş çikolata ile süsleyin.

Kestane Pastası

900gr/2lb'lik bir kek yapar

Kek için:

400 g/14 oz/1 büyük kutu şekerli kestane püresi

100 g/4 oz/½ bardak tereyağı veya margarin, yumuşatılmış

1 yumurta

Birkaç damla vanilya özü (özü)

30 ml/2 yemek kaşığı brendi

24 adet pandispanya (kurabiye)

Glazür için:

30 ml/2 yemek kaşığı kakao (şekersiz çikolata) tozu

15 ml/1 yemek kaşığı pudra şekeri (çok ince)

30 ml/2 yemek kaşığı su

Tereyağı kreması için:

100 g/4 oz/½ bardak tereyağı veya margarin, yumuşatılmış

100g/4oz/2/3 bardak pudra şekeri, elenmiş

15 ml/1 yemek kaşığı kahve özü (ekstresi)

Pastayı yapmak için kestane püresi, tereyağı veya margarin, yumurta, vanilya özü ve 15ml/1 yemek kaşığı brendiyi birleştirin ve pürüzsüz hale gelinceye kadar çırpın. 900 g/2 lb'lik bir somun kalıbını yağlayın ve astarlayın ve tabanını ve yanlarını sünger parmaklarla hizalayın. Kalan brendiyi kurabiyelerin üzerine serpin ve kestane karışımını ortasına dökün. Sertleşinceye kadar soğutun.

Kalıptan çıkarın ve astar kağıdını çıkarın. Sır malzemelerini kaynayan su dolu bir tencerenin üzerine yerleştirilmiş ısıya dayanıklı bir kapta, pürüzsüz hale gelinceye kadar karıştırarak eritin. Hafifçe soğumaya bırakın, ardından kremanın çoğunu pastanın üstüne fırçalayın. Tereyağlı krema malzemelerini pürüzsüz hale gelinceye kadar çırpın, ardından kekin kenarına sıkın. Bitirmek için ayrılmış sırla gezdirin.

Çikolata ve Badem Barları

12 önce

175 g/6 oz/1½ bardak doğal çikolata (yarı tatlı), doğranmış

3 yumurta, ayrılmış

120 ml/4 fl oz/½ bardak süt

10 ml/2 çay kaşığı jelatin tozu

120 ml/4 fl oz/½ fincan çift krema (ağır)

45 ml/3 yemek kaşığı pudra şekeri (çok ince)

60 ml/4 yemek kaşığı file badem (dilimlenmiş), kızartılmış

Çikolatayı, kaynayan su dolu bir tencerenin üzerine yerleştirilmiş, ısıya dayanıklı bir kapta eritin. Ateşten alın ve yumurta sarısını çırpın. Sütü ayrı bir tencerede kaynatın, ardından jelatini çırpın. Çikolatalı karışımı ekleyip karıştırdıktan sonra kremayı ekleyin. Yumurta aklarını sertleşene kadar çırpın, ardından şekeri ekleyin ve sertleşip parlaklaşana kadar tekrar çırpın. Karışıma ekleyin. Yağlanmış ve astarlanmış 450 g/1 lb'lik somun kalıbına dökün, üzerine kızarmış badem serpin ve soğumaya bırakın, ardından katılaşana kadar en az 3 saat soğutun. Servis yapmak için ters çevirin ve kalın dilimler halinde kesin.

Çıtır Çikolatalı Kek

Bir adet 450g/1lb somun yapar

150 g/5 oz/2/3 bardak tereyağı veya margarin
30 ml/2 yemek kaşığı altın şurubu (hafif mısır)

175 g/6 oz/1½ bardak sindirimi kolaylaştıran bisküvi kırıntıları (Graham krakeri)

50g/2oz/2 bardak şişirilmiş pirinç gevreği

25 g/1 oz/3 yemek kaşığı kuru üzüm (altın kuru üzüm)

25 g/2 yemek kaşığı sırlı kiraz (şekerlenmiş), doğranmış

225g/8oz/2 bardak çikolata parçacıkları

30 ml/2 yemek kaşığı su

175g/6oz/1 bardak pudra şekeri, elenmiş

100 g tereyağı veya margarini şurupla eritin, ardından ocaktan alın ve bisküvi kırıntılarını, mısır gevreğini, kuru üzümleri, kirazları ve çikolata parçacıklarının dörtte üçünü ekleyin. Yağlanmış ve astarlanmış 450gr/1lb somun tepsisine dökün ve üstünü düzeltin. Sertleşinceye kadar soğutun. Kalan tereyağı veya margarini kalan çikolata ve suyla eritin. Pudra şekerini ekleyin ve pürüzsüz hale gelinceye kadar karıştırın. Keki kalıptan çıkarıp uzunlamasına ikiye bölün. Çikolata sosunun (dondurma) yarısını sandviçleyin, servis tabağına yerleştirin ve kalan sosun üzerine dökün. Servis yapmadan önce soğutun.

Çikolata Kırıntısı Kareler

yaklaşık 24 önce

225 g/8 oz sindirim bisküvileri (Graham krakerleri)

100 g/4 oz/½ bardak tereyağı veya margarin

25 g/1 oz/2 yemek kaşığı pudra şekeri (çok ince)

15 ml/1 yemek kaşığı altın şurubu (hafif mısır)

45 ml/3 yemek kaşığı kakao (şekersiz çikolata) tozu

200 g/7 oz/1¾ bardak çikolatalı kek malzemesi

Kurabiyeleri plastik bir torbaya koyun ve oklava ile ezin. Tereyağını veya margarini bir tavada eritin, ardından şekeri ve şurubu ekleyin. Ateşten alıp kurabiye kırıntılarını ve kakaoyu ekleyin. Yağlanmış ve astarlanmış 18 cm/7 kare kek kalıbına çevirin ve eşit şekilde bastırın. Soğumaya bırakın, ardından sertleşene kadar buzdolabında soğutun.

Çikolatayı, kaynayan su dolu bir tencerenin üzerine yerleştirilmiş, ısıya dayanıklı bir kapta eritin. Kurabiyenin üzerine yayın, sertleştikçe çatalla çizgiler çizin. Sertleştiğinde karelere kesin.

Buzdolabı Çikolatalı Kek

Bir adet 450g/1lb kek yapar

100 g/4 oz/½ bardak yumuşak kahverengi şeker

100 g/4 oz/½ bardak tereyağı veya margarin

50g/2oz/½ fincan içme çikolata tozu

25 g/1 oz/¼ bardak kakao (şekersiz çikolata) tozu

30 ml/2 yemek kaşığı altın şurubu (hafif mısır)

150 g/5 oz sindirim bisküvileri (Graham krakerleri) veya zengin çay bisküvileri

2 oz/50 g/¼ bardak sırlı kiraz (şekerlenmiş) veya karışık kuruyemiş ve kuru üzüm

100g/4oz/1 su bardağı sütlü çikolata

Şeker, tereyağı veya margarini, çikolatayı, kakaoyu ve şurubu bir tencereye koyun ve iyice karıştırarak tereyağı eriyene kadar hafifçe ısıtın. Ateşten alın ve kurabiye şeklinde ufalayın. Kirazları veya cevizleri ve kuru üzümleri ekleyin ve 450 g/1 lb'lik bir somun kalıbına kaşıkla koyun. Soğuması için buzdolabında bekletin.

Çikolatayı, kaynayan su dolu bir tencerenin üzerinde ısıya dayanıklı bir kapta eritin. Soğuyan kekin üzerine dökün ve hazır olduğunda kesin.

Çikolatalı ve meyveli kek

18 cm/7 inçlik bir pasta yapar

100 g/4 oz/½ bardak tereyağı veya margarin, eritilmiş

100 g/4 oz/½ bardak yumuşak kahverengi şeker

225 g/8 oz/2 bardak sindirimi kolaylaştıran bisküvi kırıntıları (Graham krakeri)

50 gr/2 oz/1/3 bardak kuru üzüm (altın kuru üzüm)

45 ml/3 yemek kaşığı kakao (şekersiz çikolata) tozu

1 çırpılmış yumurta

Birkaç damla vanilya özü (özü)

Tereyağı veya margarini ve şekeri karıştırın, ardından kalan malzemeleri ekleyin ve iyice çırpın. Yağlanmış 18 cm/7 inçlik bir sandviç kalıbına dökün ve yüzeyi düzeltin. Ayarlanana kadar soğutun.

Çikolata ve zencefil kareleri

24 önce

100 g/4 oz/½ bardak tereyağı veya margarin

100 g/4 oz/½ bardak yumuşak kahverengi şeker

30 ml/2 yemek kaşığı kakao (şekersiz çikolata) tozu

1 yumurta, hafifçe çırpılmış

225g/8oz/2 bardak zencefilli kurabiye kırıntısı

15 ml/1 yemek kaşığı kıyılmış kristalize (şekerlenmiş) zencefil

Tereyağını veya margarini eritin, ardından şekeri ve kakaoyu iyice karışana kadar ekleyin. Yumurtayı, kurabiye kırıntılarını ve zencefili karıştırın. İsviçre rulo kalıbına (jöle rulo tavası) bastırın ve sertleşinceye kadar soğutun. Kareler halinde kesin.

Lüks çikolata ve zencefil kareleri

24 önce

100 g/4 oz/½ bardak tereyağı veya margarin

100 g/4 oz/½ bardak yumuşak kahverengi şeker

30 ml/2 yemek kaşığı kakao (şekersiz çikolata) tozu

1 yumurta, hafifçe çırpılmış

225g/8oz/2 bardak zencefilli kurabiye kırıntısı

15 ml/1 yemek kaşığı kıyılmış kristalize (şekerlenmiş) zencefil

100 g/4 oz/1 bardak doğal çikolata (yarı tatlı)

Tereyağını veya margarini eritin, ardından şekeri ve kakaoyu iyice karışana kadar ekleyin. Yumurtayı, kurabiye kırıntılarını ve zencefili karıştırın. İsviçre rulo kalıbına (jöle rulo tavası) bastırın ve sertleşinceye kadar soğutun.

Çikolatayı, kaynayan su dolu bir tencerenin üzerine yerleştirilmiş, ısıya dayanıklı bir kapta eritin. Kekin üzerine yayıp dinlenmeye bırakın. Çikolata neredeyse sertleştiğinde kareler halinde kesin.

Ballı Çikolatalı Kurabiye

12 önce

225 g/8 oz/1 bardak tereyağı veya margarin

30 ml/2 yemek kaşığı hafif bal

90 ml/6 yemek kaşığı keçiboynuzu veya kakao (şekersiz çikolata) tozu

225g/8oz/2 bardak kurabiye kırıntısı

Tereyağı veya margarini, balı ve keçiboynuzu veya kakao tozunu bir tencerede iyice karışana kadar eritin. Kurabiye kırıntılarını karıştırın. Yağlanmış 20cm/8 kare kek kalıbına (tepsiye) dökün ve soğumaya bırakın, ardından kareler halinde kesin.

Çikolatalı katmanlı kek

Bir adet 450g/1lb kek yapar

300 ml/½ pt/1¼ bardak çift krema (ağır)

8 oz/225 g/2 bardak doğal çikolata (yarı tatlı), kırık

5 ml/1 çay kaşığı vanilya özü (ekstresi)

20 basit çerez (çerez)

Kremayı bir tencerede kısık ateşte neredeyse kaynayana kadar ısıtın. Ateşten alıp çikolatayı ekleyin, karıştırın, kapağını kapatın ve 5 dakika bekletin. Vanilya özünü ekleyin ve iyice karışıncaya kadar karıştırın, ardından karışım koyulaşmaya başlayıncaya kadar soğutun.

450 g/1 lb'lik bir somun tepsisini (tepsi) streç filmle (plastik ambalaj) kaplayın. En alta bir kat çikolata sürün ve üzerine kurabiyeleri yerleştirin. Çikolata ve kurabiyeleri tüketene kadar katmanlara ayırmaya devam edin. Bir kat çikolatayla bitirin. Plastik ambalajla örtün ve en az 3 saat buzdolabında saklayın. Pastayı kalıptan çıkarın ve şeffaf filmi çıkarın.

İyi çikolatalar

12 önce

100 g/4 oz/½ bardak tereyağı veya margarin

30 ml/2 yemek kaşığı altın şurubu (hafif mısır)

30 ml/2 yemek kaşığı kakao (şekersiz çikolata) tozu

8 oz/225 g/1 paket güzel veya sade bisküvi (kurabiye), kabaca ezilmiş

100 g/4 oz/1 bardak doğal çikolata (yarı tatlı), doğranmış

Tereyağı veya margarini ve şurubu eritin, ocaktan alın ve kakaoyu ve ezilmiş kurabiyeleri ekleyin. Karışımı 23 cm/9 inç kare kek kalıbına yayın ve yüzeyi düzeltin. Çikolatayı, içinde kaynayan su bulunan bir tencerenin üzerinde ısıya dayanıklı bir kapta eritin ve üzerine yayın. Hafifçe soğumaya bırakın, ardından çubuk veya kare şeklinde kesin ve soğuyana kadar soğutun.

Çikolatalı Pralin Kareler

12 önce

100 g/4 oz/½ bardak tereyağı veya margarin

30 ml/2 yemek kaşığı pudra şekeri (çok ince)

15 ml/1 yemek kaşığı altın şurubu (hafif mısır)

15 ml/1 yemek kaşığı içme çikolata tozu

8 oz/225 g sindirim bisküvileri (Graham krakerleri), ezilmiş

200 g/7 oz/1¾ bardak doğal çikolata (yarı tatlı)

100g/4oz/1 bardak kıyılmış karışık fındık

Tereyağı veya margarini, şekeri, pekmezi ve içme çikolatasını bir tencerede eritin. Kaynatın, ardından 40 saniye kaynatın. Ateşten alıp kraker ve fındıkları ekleyin. Yağlanmış 28 x 18 cm/11 x 7 inç kek kalıbına (tepsi) bastırın. Çikolatayı, kaynayan su dolu bir tencerenin üzerinde ısıya dayanıklı bir kapta eritin. Kurabiyelerin üzerine yayın ve soğumaya bırakın, ardından kareler halinde kesmeden önce 2 saat soğutun.

Hindistan Cevizi Egzersizi

12 önce

100 g/4 oz/1 bardak doğal çikolata (yarı tatlı)

30 ml/2 yemek kaşığı süt

30 ml/2 yemek kaşığı altın şurubu (hafif mısır)

100 g/4 oz/4 bardak şişirilmiş pirinç gevreği

50g/2oz/½ bardak kurutulmuş hindistan cevizi (rendelenmiş)

Çikolatayı, sütü ve şurubu bir tencerede eritin. Ateşten alıp mısır gevreğini ve hindistan cevizini ekleyin. Kağıt kek kalıplarına (kek kalıpları) dökün ve soğumaya bırakın.

Çıtır barlar

12 önce

175 g/6 oz/¾ fincan tereyağı veya margarin

50g/2oz/¼ bardak açık kahverengi şeker

30 ml/2 yemek kaşığı altın şurubu (hafif mısır)

45 ml/3 yemek kaşığı kakao (şekersiz çikolata) tozu

75 g/3 oz/½ bardak kuru üzüm veya çekirdeksiz kuru üzüm (altın kuru üzüm)

350 g/12 oz/3 bardak gevrek yulaf gevreği

8 oz/225 g/2 bardak doğal çikolata (yarı tatlı)

Tereyağı veya margarini şeker, şurup ve kakaoyla birlikte eritin. Kuru üzüm veya kuru üzümleri ve tahılları ekleyin. Karışımı yağlanmış 25 cm/12 inçlik bir fırın tepsisine bastırın. Çikolatayı, kaynayan su dolu bir tencerenin üzerinde ısıya dayanıklı bir kapta eritin. Çubukların üzerine yayın ve soğumaya bırakın, ardından çubuklara kesmeden önce soğutun.

Gevrek Hindistan cevizi ve kuru üzüm

12 önce

100g/4oz/1 bardak beyaz çikolata

30 ml/2 yemek kaşığı süt

30 ml/2 yemek kaşığı altın şurubu (hafif mısır)

175 g/6 oz/6 bardak şişirilmiş pirinç gevreği

50 gr/2 oz/1/3 bardak kuru üzüm

Çikolatayı, sütü ve şurubu bir tencerede eritin. Ateşten alıp mısır gevreğini ve kuru üzümleri ekleyin. Kağıt kek kalıplarına (kek kalıpları) dökün ve soğumaya bırakın.

Süt kareli kahve

20 önce

25 g/1 oz/2 yemek kaşığı jelatin tozu

75 ml/5 yemek kaşığı soğuk su

225 g/8 oz/2 bardak doğal pandispanya (bisküvi) kırıntıları

50 g/2 oz/¼ bardak tereyağı veya margarin, eritilmiş

400 g/14 oz/1 büyük kutu buharlaştırılmış süt

150g/5oz/2/3 su bardağı pudra şekeri (çok ince)

400 ml/14 fl oz/1¾ bardak koyu siyah kahve, buzlu

Süslemek için krem şanti ve portakal dilimleri şekerlemesi

Jelatini bir kaptaki suyun üzerine serpin ve kabarıncaya kadar bekletin. Kabı sıcak su dolu bir tencereye koyun ve eriyene kadar bekletin. Hafifçe soğutun. Bisküvi kırıntılarını eritilmiş tereyağına karıştırın ve yağlanmış 12 x 8 inç/30 x 20 cm dikdörtgen kek kalıbının tabanına ve yanlarına bastırın. Buharlaştırılmış sütü koyulaşana kadar çırpın, ardından yavaş yavaş şekeri ekleyin, ardından çözünmüş jelatin ve kahveyi ekleyin. Tabanın üzerine dökün ve katılaşana kadar soğutun. Kareler halinde kesin ve krem şanti ve şekerlenmiş portakal dilimleri ile süsleyin.

Fırınlanmayan meyveli kek

23 cm/9 inçlik bir pasta yapar

450 g/1 lb/22/3 su bardağı kurutulmuş meyve karışımı (meyveli kek karışımı)

450 g/1 pound sade bisküvi (kurabiye), ezilmiş

100 g/4 oz/½ bardak tereyağı veya margarin, eritilmiş

100 g/4 oz/½ bardak yumuşak kahverengi şeker

400g/14oz/1 büyük kutu yoğunlaştırılmış süt

5 ml/1 çay kaşığı vanilya özü (ekstresi)

Tüm malzemeleri iyice karışıncaya kadar karıştırın. Streç film (plastik ambalaj) ile kaplı, yağlanmış 23 cm/9 inçlik bir kek kalıbına (tepsi) kaşıkla dökün ve bastırın. Sertleşinceye kadar soğutun.

Meyveli Kareler

yaklaşık 12 önce

100 g/4 oz/½ bardak tereyağı veya margarin

100 g/4 oz/½ bardak yumuşak kahverengi şeker

400g/14oz/1 büyük kutu yoğunlaştırılmış süt

5 ml/1 çay kaşığı vanilya özü (ekstresi)

250 g/9 oz/1½ bardak kurutulmuş meyve karışımı (meyveli kek karışımı)

100 g/4 oz/½ bardak sırlı kiraz (şekerlenmiş)

50g/2oz/½ bardak kıyılmış karışık fındık

400g/14oz sade bisküvi (kurabiye), ezilmiş

Tereyağı veya margarini ve şekeri kısık ateşte eritin. Yoğunlaştırılmış sütü ve vanilya özünü ekleyin ve ocaktan alın. Kalan malzemeleri karıştırın. Yağlanmış bir İsviçre rulo kalıbına (jöle rulo tavası) bastırın ve sertleşinceye kadar 24 saat soğutun. Kareler halinde kesin.

Meyve ve Lifli Egzersizler

12 önce

100 g/4 oz/1 bardak doğal çikolata (yarı tatlı)

50 g/2 oz/¼ bardak tereyağı veya margarin

15 ml/1 yemek kaşığı altın şurubu (hafif mısır)

100 g/4 oz/1 bardak meyve ve lif içeren kahvaltılık gevrek

Çikolatayı, kaynayan su dolu bir tencerenin üzerinde ısıya dayanıklı bir kapta eritin. Tereyağı veya margarini ve şurubu çırpın. Tahıl ekleyin. Kağıt kek kaplarına (kek kağıtları) dökün ve soğumaya bırakın.

Nuga Katmanlı Kek

900gr/2lb'lik bir kek yapar

15 g/½ oz/1 yemek kaşığı jelatin tozu

100 ml/3½ fl oz/6½ yemek kaşığı su

1 paket bisküvi

225 g/1 bardak tereyağı veya margarin, yumuşatılmış

50g/2oz/¼ bardak pudra şekeri (çok ince)

400g/14oz/1 büyük kutu yoğunlaştırılmış süt

5 ml/1 çay kaşığı limon suyu

5 ml/1 çay kaşığı vanilya özü (ekstresi)

5 ml/1 çay kaşığı krem tartar

100 g/4 oz/2/3 su bardağı kurutulmuş karışık meyveler (meyveli kek karışımı), doğranmış

Jelatini küçük bir kaptaki suyun üzerine serpin, ardından kaseyi jelatin berraklaşana kadar sıcak su dolu bir tencereye koyun. Biraz serin. 900 g/2 lb'lik bir somun kalıbını (tepsiyi) alüminyum folyo ile kaplayın, böylece folyo kalıbın üstünü kaplar, ardından bisküvilerin yarısını tabana yerleştirin. Tereyağı veya margarini ve şekeri krema kıvamına gelinceye kadar çırpın, ardından geri kalan tüm malzemeleri ekleyip çırpın. Tavaya dökün ve üzerine kalan bisküvileri yerleştirin. Alüminyum folyo ile örtün ve üstüne bir ağırlık koyun. Sertleşinceye kadar soğutun.

Süt ve hindistan cevizi kareleri

20 önce

Taban için:

225 g/8 oz/2 bardak doğal pandispanya (bisküvi) kırıntıları

30 ml/2 yemek kaşığı yumuşak esmer şeker

2,5 ml/½ çay kaşığı rendelenmiş hindistan cevizi

100 g/4 oz/½ bardak tereyağı veya margarin, eritilmiş

Doldurmak için:

1,2 litre/2 puan/5 bardak süt

25 g/1 oz/2 yemek kaşığı tereyağı veya margarin

2 yumurta, ayrılmış

225g/8oz/1 bardak pudra şekeri (çok ince)

100 g/4 oz/1 su bardağı mısır unu (mısır nişastası)

50g/2oz/½ bardak sade un (çok amaçlı)

5 ml/1 çay kaşığı kabartma tozu

Bir tutam rendelenmiş hindistan cevizi

serpmek için rendelenmiş hindistan cevizi

Tabanı hazırlamak için bisküvi kırıntılarını, şekeri ve hindistan cevizini eritilmiş tereyağı veya margarinle karıştırın ve yağlanmış 12 x 8 inç/30 x 20 cm kek kalıbının tabanına bastırın.

Doldurmak için 1 litre/1¾ pts/4¼ bardak sütü büyük bir tencerede kaynatın. Tereyağı veya margarini ekleyin. Yumurta sarılarını kalan sütle çırpın. Şeker, mısır unu, un, kabartma tozu ve hindistan cevizini karıştırın. Kaynayan sütün bir kısmını yumurta sarısı karışımıyla macun kıvamına gelinceye kadar çırpın, ardından macunu kaynayan sütle karıştırın, koyulaşana kadar birkaç dakika kısık ateşte sürekli karıştırın. Ateşten çık. Yumurta aklarını sertleşene kadar çırpın, ardından karışıma ekleyin.

Tabanın üzerine dökün ve bolca hindistan cevizi serpin. Servis yapmadan önce soğumaya bırakın, sonra soğutun ve kareler halinde kesin.

Çıtır müsli

Yaklaşık 16 kare yapar

400 g/14 oz/3½ bardak doğal çikolata (yarı tatlı)

45 ml/3 yemek kaşığı altın şurubu (hafif mısır)

25 g/1 oz/2 yemek kaşığı tereyağı veya margarin

Yaklaşık 225g/8oz/2/3 bardak müsli

Çikolatanın, şurubun ve tereyağının veya margarinin yarısını eritin. Kalın bir karışım elde etmek için yavaş yavaş yeterli miktarda müsli ekleyin. Yağlanmış bir İsviçre rulo kalıbına (jöle rulo tavası) bastırın. Kalan çikolatayı eritip üzerine düzeltin. Karelere kesmeden önce buzdolabında soğutun.

Turuncu Mousse Kareler

20 önce

25 g/1 oz/2 yemek kaşığı jelatin tozu

75 ml/5 yemek kaşığı soğuk su

225 g/8 oz/2 bardak doğal pandispanya (bisküvi) kırıntıları

50 g/2 oz/¼ bardak tereyağı veya margarin, eritilmiş

400 g/14 oz/1 büyük kutu buharlaştırılmış süt

150g/5oz/2/3 su bardağı pudra şekeri (çok ince)

400 ml/14 fl oz/1¾ bardak portakal suyu

Süslemek için krem şanti ve çikolatalı şekerlemeler

Jelatini bir kaptaki suyun üzerine serpin ve kabarıncaya kadar bekletin. Kabı sıcak su dolu bir tencereye koyun ve eriyene kadar bekletin. Hafifçe soğutun. Kurabiye kırıntılarını eritilmiş tereyağına karıştırın ve yağlanmış 30 x 20 cm/12 x 8 sığ kek kalıbının tabanına ve yanlarına bastırın. Sütü koyulaşana kadar çırpın, ardından yavaş yavaş şekeri, ardından çözünmüş jelatin ve portakal suyunu ekleyin. Tabanın üzerine dökün ve katılaşana kadar soğutun. Kareler halinde kesin ve krem şanti ve çikolatalı şekerlemelerle süsleyin.

Fıstık Kareleri

18 önce

225 g/8 oz/2 bardak doğal pandispanya (bisküvi) kırıntıları

100 g/4 oz/½ bardak tereyağı veya margarin, eritilmiş

8 oz/225 g/1 su bardağı çıtır fıstık ezmesi

25 g/1 oz/2 yemek kaşığı sırlı kiraz (şekerlenmiş)

25 gr/1 oz/3 yemek kaşığı kuş üzümü

Tüm malzemeleri iyice karışıncaya kadar karıştırın. Yağlanmış 25 cm/12 inçlik bir fırın tepsisine bastırın ve sertleşinceye kadar soğutun, ardından kareler halinde kesin.

Nane Karamelli Kek

16 önce

400g/14oz/1 büyük kutu yoğunlaştırılmış süt

600 ml/1 pt/2½ bardak süt

30 ml/2 yemek kaşığı krema tozu

225 g/8 oz/2 bardak sindirimi kolaylaştıran bisküvi kırıntıları (Graham krakeri)

100g/4oz/1 bardak naneli çikolata, parçalara ayrılmış

Açılmamış yoğunlaştırılmış süt kutusunu, kutuyu kaplayacak kadar suyla dolu bir tencereye koyun. Kaynatın, üzerini örtün ve 3 saat pişirin, gerektiği kadar kaynar su ekleyin. Soğumaya bırakın, ardından kutuyu açın ve şekeri çıkarın.

500 ml/17 fl oz/2¼ bardak sütü karamel ile ısıtın, kaynatın ve eriyene kadar karıştırın. Muhallebi tozunu kalan sütle macun haline getirip tencereye alın ve kısık ateşte sürekli karıştırarak koyulaşana kadar pişirmeye devam edin. Bisküvi kırıntılarının yarısını yağlanmış 20 cm/8 inç kare kek kalıbının tabanına serpin, ardından pasta kremasının yarısını üstüne dökün ve çikolatanın yarısını serpin. Katmanları tekrarlayın, ardından soğumaya bırakın. Soğutun, ardından servis yapmak için porsiyonlara bölün.

Pirinç patlakları

24 önce

175 g/6 oz/½ bardak hafif bal

225g/8oz/1 su bardağı toz şeker

60 ml/4 yemek kaşığı su

350g/12oz/1 kutu şişirilmiş pirinç gevreği

100 g/4 oz/1 bardak kavrulmuş fıstık

Bal, şeker ve suyu büyük bir tencerede eritin ve 5 dakika soğumaya bırakın. Tahıl ve fıstık ekleyin. Topları yuvarlayın, kağıt kek kalıplarına (kek kalıpları) yerleştirin ve soğumaya bırakın.

Pirinç ve Çikolatalı Tofet

225 g/8 oz yapar

50 g/2 oz/¼ bardak tereyağı veya margarin

30 ml/2 yemek kaşığı altın şurubu (hafif mısır)

30 ml/2 yemek kaşığı kakao (şekersiz çikolata) tozu

60 ml/4 yemek kaşığı pudra şekeri (çok ince)

50 g/2 oz/½ bardak öğütülmüş pirinç

Tereyağını ve şurubu eritin. Kakao ve şekeri eriyene kadar karıştırın, ardından öğütülmüş pirinci ekleyin. Yavaşça kaynatın, ısıyı azaltın ve sürekli karıştırarak 5 dakika pişirin. Yağlanmış ve astarlanmış 20 cm/8 inç kare kalıba dökün ve hafifçe soğumaya bırakın. Kareler halinde kesin ve kalıptan çıkarmadan önce tamamen soğumaya bırakın.

Badem Ezmesi

23 cm/9 inçlik bir pastanın üstünü ve yanlarını kaplar

225 g/8 oz/2 bardak öğütülmüş badem

8 oz/225 g/11/3 su bardağı pudra şekeri, elenmiş

225g/8oz/1 bardak pudra şekeri (çok ince)

2 yumurta, hafifçe dövülmüş

10 ml/2 çay kaşığı limon suyu

Birkaç damla badem özü (özü)

Bademleri ve şekeri çırpın. Pürüzsüz bir macun elde edene kadar
kalan malzemeleri yavaş yavaş karıştırın. Kullanmadan önce
plastik ambalaja sarın ve soğutun.

Şekersiz badem ezmesi

15 cm/6 inçlik bir pastanın üstünü ve yanlarını kaplar

100 g/4 oz/1 bardak öğütülmüş badem

50 g/2 oz/½ bardak fruktoz

25 g/1 oz/¼ bardak mısır unu (mısır nişastası)

1 yumurta, hafifçe çırpılmış

Pürüzsüz bir macun elde edene kadar tüm malzemeleri karıştırın.
Kullanmadan önce plastik ambalaja sarın ve soğutun.

Kraliyet kreması

20 cm/8 inçlik bir pastanın üstünü ve yanlarını kaplar

5 ml/1 çay kaşığı limon suyu

2 yumurta akı

450 g/1 lb/22/3 bardak pudra şekeri, elenmiş

5 ml/1 çay kaşığı gliserin (isteğe bağlı)

Limon suyunu ve yumurta aklarını karıştırın ve sır (buzlanma) pürüzsüz ve beyaz olana ve kaşığın arkasını kaplayana kadar yavaş yavaş pudra şekerini ekleyin. Birkaç damla gliserin, kremanın çok kırılgan olmasını önleyecektir. Nemli bir bezle örtün ve hava kabarcıklarının yüzeye çıkmasını sağlamak için 20 dakika bekletin.

Bu kıvamdaki krema kekin üzerine dökülüp sıcak suya batırılmış bir bıçakla düzeltilebilir. Borulama için, kremanın zirvelere dayanacak kadar sert olması için ilave pudra şekeri karıştırın.

şekersiz sır

15 cm/6 inçlik bir pastayı kaplamaya yetecek kadardır

50 g/2 oz/½ bardak fruktoz

bir tutam tuz

1 yumurta beyazı

2,5 ml/½ çay kaşığı limon suyu

Toz haline getirilmiş fruktozu bir mutfak robotunda pudra şekeri kadar ince olana kadar işleyin. Tuzla karıştırın. Isıya dayanıklı bir kaba aktarın ve yumurta akı ve limon suyunu ekleyip çırpın. Kaseyi kaynayan su dolu bir tencerenin üzerine yerleştirin ve sert tepeler oluşuncaya kadar çırpmaya devam edin. Ateşten alıp soğuyuncaya kadar çırpın.

fondan krema

20 cm/8 inçlik bir pastayı kaplamaya yetecek kadardır

450 g/1 lb/2 bardak pudra şekeri (çok ince) veya topaklar

150 ml/¼ pt/2/3 su bardağı su

15 ml/1 yemek kaşığı sıvı glikoz veya 2,5 ml/½ çay kaşığı krem tartar

Şekeri, ağır tabanlı büyük bir tencerede, düşük ateşte suda eritin. Kristal oluşumunu önlemek için tavanın kenarlarını soğuk suya batırılmış bir fırça ile temizleyin. Tartar kremasını biraz suda eritip tavaya karıştırın. Bir damla sır soğuk suya batırıldığında yumuşak bir top oluşturduğunda, 115°C/242°F sıcaklıkta sürekli olarak kaynatın ve kaynatın. Şurubu yavaş yavaş ısıya dayanıklı bir kaseye dökün ve kabuk oluşana kadar bekletin. Sır, opak ve sert hale gelinceye kadar tahta bir kaşıkla çırpın. Pürüzsüz olana kadar yoğurun. Kullanmadan önce gerekirse yumuşatmak için sıcak su dolu bir tencerenin üzerinde ısıya dayanıklı bir kapta ısıtın.

tereyağı sır

20 cm/8 inçlik bir pastayı doldurmaya ve kaplamaya yetecek kadardır

100 g/4 oz/½ bardak tereyağı veya margarin, yumuşatılmış

225 g/ 8 oz/11/3 su bardağı pudra şekeri, elenmiş

30 ml/2 yemek kaşığı süt

Tereyağı veya margarini pürüzsüz olana kadar çırpın. Yavaş yavaş pudra şekeri ve sütü iyice karışana kadar çırpın.

Çikolatalı Tereyağlı Krema

20 cm/8 inçlik bir pastayı doldurmaya ve kaplamaya yetecek kadardır

30 ml/2 yemek kaşığı kakao (şekersiz çikolata) tozu

15 ml/1 yemek kaşığı kaynar su

100 g/4 oz/½ bardak tereyağı veya margarin, yumuşatılmış

8 oz/225 g/11/3 su bardağı pudra şekeri, elenmiş

15 ml/1 yemek kaşığı süt

Kakaoyu kaynar su ile macun haline getirin ve soğumaya bırakın. Tereyağı veya margarini pürüzsüz olana kadar çırpın. Yavaş yavaş pudra şekeri, süt ve kakao karışımını iyice karışana kadar ekleyin.

Beyaz Çikolatalı Tereyağlı Krema

20 cm/8 inçlik bir pastayı doldurmaya ve kaplamaya yetecek kadardır

100g/4oz/1 bardak beyaz çikolata

100 g/4 oz/½ bardak tereyağı veya margarin, yumuşatılmış

8 oz/225 g/11/3 su bardağı pudra şekeri, elenmiş

15 ml/1 yemek kaşığı süt

Çikolatayı, kaynayan su dolu bir tencerenin üzerine yerleştirilmiş, ısıya dayanıklı bir kapta eritin, ardından hafifçe soğumasını bekleyin. Tereyağı veya margarini yumuşayana kadar çırpın. İyice karışana kadar yavaş yavaş pudra şekeri, süt ve çikolatayı ekleyin.

Kahve Tereyağı Sırlaması

20 cm/8 inçlik bir pastayı doldurmaya ve kaplamaya yetecek kadardır

100 g/4 oz/½ bardak tereyağı veya margarin, yumuşatılmış

225 g/ 8 oz/11/3 su bardağı pudra şekeri, elenmiş

15 ml/1 yemek kaşığı süt

15 ml/1 yemek kaşığı kahve özü (ekstresi)

Tereyağı veya margarini yumuşayana kadar çırpın. Yavaş yavaş pudra şekeri, süt ve kahve özünü iyice karışana kadar ekleyin.

Limonlu Tereyağı Sır

20 cm/8 inçlik bir pastayı doldurmaya ve kaplamaya yetecek kadardır

100 g/4 oz/½ bardak tereyağı veya margarin, yumuşatılmış

225 g/ 8 oz/11/3 su bardağı pudra şekeri, elenmiş

30 ml/2 yemek kaşığı limon suyu

1 limonun rendelenmiş kabuğu

Tereyağı veya margarini yumuşayana kadar çırpın. İyice karışana kadar yavaş yavaş şekerlemelerin şekerini, limon suyunu ve lezzetini ekleyin.

Portakal Tereyağlı Krema

20 cm/8 inçlik bir pastayı doldurmaya ve kaplamaya yetecek kadardır

100 g/4 oz/½ bardak tereyağı veya margarin, yumuşatılmış

225 g/ 8 oz/11/3 su bardağı pudra şekeri, elenmiş

30 ml/2 yemek kaşığı portakal suyu

1 portakalın rendelenmiş kabuğu

Tereyağı veya margarini pürüzsüz olana kadar çırpın. İyice karışana kadar yavaş yavaş şekerlemelerin şekerini, portakal suyunu ve lezzetini ekleyin.

Krem Peynirli Krema

25 cm/9 inçlik bir pastayı kaplamaya yetecek kadardır

75 g/3 oz/1/3 bardak krem peynir

30 ml/2 yemek kaşığı tereyağı veya margarin

350g/12oz/2 bardak pudra şekeri, elenmiş

5 ml/1 çay kaşığı vanilya özü (ekstresi)

Peyniri ve tereyağını veya margarini hafif ve kabarık olana kadar çırpın. Pürüzsüz ve kremsi bir sır elde edene kadar yavaş yavaş pudra şekeri ve vanilya özünü ekleyin.

turuncu sır

25 cm/9 inçlik bir pastayı kaplamaya yetecek kadardır

250g/9oz/1½ bardak pudra şekeri, elenmiş

30 ml/2 yemek kaşığı tereyağı veya margarin, yumuşatılmış

Birkaç damla badem özü (özü)

60 ml/4 yemek kaşığı portakal suyu

Bir kaseye pudra şekerini koyup tereyağı veya margarin ve badem özüyle karıştırın. Sert bir krema elde etmek için yeterli miktarda portakal suyunu yavaş yavaş karıştırın.

Portakal Likörü Sosu

20 cm/8 inçlik bir pastayı kaplamaya yetecek kadardır

100 g/4 oz/½ bardak tereyağı veya margarin, yumuşatılmış

450 g/1 lb/22/3 bardak pudra şekeri, elenmiş

60 ml/4 yemek kaşığı portakal likörü

15 ml/1 yemek kaşığı rendelenmiş portakal kabuğu

Tereyağı veya margarini ve şekeri hafif ve kabarık olana kadar çırpın. Sürülebilir bir kıvam elde etmek için yeterli miktarda portakal likörü ekleyin, ardından portakal kabuğunu ekleyin.

Yulaflı ve kuru üzümlü kurabiye

20 önce

175 g/6 oz/¾ bardak sade un (çok amaçlı)

150 g/5 oz/1¼ bardak yulaf ezmesi

5 ml/1 çay kaşığı öğütülmüş zencefil

2,5 ml/½ çay kaşığı kabartma tozu

2,5 ml/½ çay kaşığı kabartma tozu (kabartma tozu)

100 g/4 oz/½ bardak yumuşak kahverengi şeker

50 gr/2 oz/1/3 bardak kuru üzüm

1 yumurta, hafifçe çırpılmış

150 ml/¼ pt/2/3 su bardağı yağ

60 ml/4 yemek kaşığı süt

Kuru malzemeleri karıştırın, kuru üzümleri ekleyin ve ortasını havuz gibi açın. Yumurtayı, yağı ve sütü ekleyip pürüzsüz bir hamur elde edene kadar karıştırın. Yağlanmamış kek kalıbına karışımdan birer kaşık dökün ve çatalla hafifçe düzleştirin. Önceden ısıtılmış fırında 200°C/400°F/gaz işareti 6'da 10 dakika altın rengi kahverengi olana kadar pişirin.

Baharatlı Yulaf Ezmeli Kurabiye

30 önce

100 g/4 oz/½ bardak tereyağı veya margarin, yumuşatılmış

100 g/4 oz/½ bardak yumuşak kahverengi şeker

100g/4oz/½ bardak pudra şekeri (çok ince)

1 yumurta

2,5 ml/½ çay kaşığı vanilya özü (ekstresi)

100g/4oz/1 su bardağı sade un (çok amaçlı)

2,5 ml/½ çay kaşığı kabartma tozu (kabartma tozu)

bir tutam tuz

5 ml/1 çay kaşığı öğütülmüş tarçın

Bir tutam rendelenmiş hindistan cevizi

100 g/4 oz/1 bardak yulaf ezmesi

50g/2oz/½ bardak kıyılmış karışık fındık

50g/2oz/½ bardak çikolata parçacıkları

Tereyağı veya margarini ve şekeri hafif ve kabarık olana kadar çırpın. Yavaş yavaş yumurta ve vanilya özünü ekleyin. Unu, karbonatı, tuzu ve baharatları karıştırıp karışıma ekleyin. Yulaf, fındık ve çikolata parçacıklarını ekleyin. Yağlanmış bir fırın (bisküvi) tepsisine yuvarlak çay kaşığı dolusu damlatın ve bisküvileri (bisküvileri) önceden ısıtılmış fırında 180°C/350°F/gaz işareti 4'te hafifçe altın rengi oluncaya kadar 10 dakika pişirin.

Tam Tahıl Yulaf Ezmeli Kurabiye

24 önce

100 g/4 oz/½ bardak tereyağı veya margarin

200 g/7 oz/1¾ bardak yulaf

75 g/3 oz/¾ bardak tam buğday unu (tam buğday)

50g/2oz/½ bardak sade un (çok amaçlı)

5 ml/1 çay kaşığı kabartma tozu

50g/2oz/¼ bardak demerara şekeri

1 yumurta, hafifçe çırpılmış

30 ml/2 yemek kaşığı süt

Tereyağı veya margarini yulaf, un ve kabartma tozuna, karışım ekmek kırıntısı görünümü alana kadar sürün. Şekeri ekleyin, ardından yumurta ve sütü ekleyerek sert bir hamur elde edene kadar karıştırın. Hamuru hafifçe unlanmış bir yüzey üzerinde yaklaşık 1 cm/½ inç kalınlığında açın ve 5 cm/2 inçlik bir kesici kullanarak daireler halinde kesin. Bisküvileri yağlanmış bir fırın tepsisine yerleştirin ve önceden ısıtılmış fırında 190°C/375°F/gaz işareti 5'te altın kahverengi olana kadar yaklaşık 15 dakika pişirin.

Portakallı Kurabiyeler

24 önce

100 g/4 oz/½ bardak tereyağı veya margarin, yumuşatılmış

50g/2oz/¼ bardak pudra şekeri (çok ince)

1 portakalın rendelenmiş kabuğu

150g/5oz/1¼ bardak kendi kendine kabaran un

Tereyağı veya margarini ve şekeri hafif ve kabarık olana kadar
çırpın. Portakal kabuğunu işleyin, ardından unu ekleyerek koyu bir
karışım elde edin. Büyük, ceviz büyüklüğünde toplar yapın ve
bunları yağlanmış bir fırın tepsisine (kurabiye) aralıklı olarak
yerleştirin, ardından düzleştirmek için bir çatalla hafifçe bastırın.
Bisküvileri önceden ısıtılmış fırında 180°C/350°F/gaz işareti 4'te
15 dakika altın rengi kahverengi olana kadar pişirin.

Portakallı ve limonlu kurabiye

30 önce

50 g/2 oz/¼ bardak tereyağı veya margarin, yumuşatılmış

75 g/3 oz/1/3 su bardağı pudra şekeri (çok ince)

1 yumurta sarısı

½ portakalın rendelenmiş kabuğu

15 ml/1 yemek kaşığı limon suyu

150g/5oz/1¼ bardak sade un (çok amaçlı)

2,5 ml/½ çay kaşığı kabartma tozu

bir tutam tuz

Tereyağı veya margarini ve şekeri hafif ve kabarık olana kadar çırpın. Yumurta sarısını, portakal kabuğunu ve limon suyunu azar azar ekleyerek karıştırın, ardından un, kabartma tozu ve tuzu ekleyerek sert bir hamur elde edin. Filmi (plastik ambalaj) sarın ve tutun ve 30 dakika soğutun.

Hafifçe unlanmış bir yüzeyde yaklaşık 5 mm/¼ kalınlığında açın ve kurabiye kalıbıyla şekiller halinde kesin. Kurabiyeleri yağlanmış bir fırın (kurabiye) tepsisine yerleştirin ve önceden ısıtılmış fırında 190°C/375°F/gaz işareti 5'te 10 dakika pişirin.

Portakallı ve cevizli kurabiye

16 önce

100 g/4 oz/½ bardak tereyağı veya margarin

75 g/3 oz/1/3 su bardağı pudra şekeri (çok ince)

½ portakalın rendelenmiş kabuğu

150g/5oz/1¼ bardak kendi kendine kabaran un

50 g/2 oz/½ fincan ceviz, öğütülmüş

Tereyağını veya margarini 50gr/¼ bardak şeker ve portakal kabuğu rendesi ile pürüzsüz ve kremsi bir kıvama gelinceye kadar çırpın. Unu ve fındıkları ekleyin ve karışım bir arada kalmaya başlayıncaya kadar tekrar çırpın. Toplar haline getirin ve yağlanmış bir fırın (kurabiye) tepsisine düzleştirin. Bisküvileri önceden ısıtılmış fırında 190°C/375°F/gaz işareti 5'te kenarları altın rengi kahverengi olana kadar 10 dakika pişirin. Ayrılmış şekeri serpin ve soğuması için tel rafa aktarmadan önce hafifçe soğumasını bekleyin.

Portakallı ve Çikolatalı Kurabiyeler

30 önce

50 g/2 oz/¼ bardak tereyağı veya margarin, yumuşatılmış

75 g/3 oz/1/3 bardak tereyağı (sebze yağı)

175g/6oz/¾ bardak açık kahverengi şeker

100 g/7 oz/1¾ su bardağı tam buğday unu (tam buğday)

75 g/3 oz/¾ bardak öğütülmüş badem

10 ml/2 çay kaşığı kabartma tozu

75 g/3 oz/¾ fincan çikolata parçacıkları

2 portakalın rendelenmiş kabuğu

15 ml/1 yemek kaşığı portakal suyu

1 yumurta

Üzerine serpmek için pudra şekeri (çok ince)

Tereyağı veya margarini, domuz yağı ve esmer şekeri hafif ve kabarık olana kadar çırpın. Pudra şekeri hariç kalan malzemeleri ekleyip hamur kıvamına gelinceye kadar karıştırın. Unlanmış zeminde 5mm/¼ kalınlığında açın ve bisküvi kalıbıyla bisküvi şeklinde kesin. Yağlanmış bir fırın (kurabiye) tepsisine yerleştirin ve önceden ısıtılmış fırında 180°C/350°F/gaz işareti 4'te altın kahverengi olana kadar 20 dakika pişirin.

Baharatlı Portakallı Kurabiye

10 önce

225g/8oz/2 su bardağı sade un (çok amaçlı)

2,5 ml/½ çay kaşığı öğütülmüş tarçın

Bir tutam karışık baharat (elmalı turta)

75 g/3 oz/1/3 su bardağı pudra şekeri (çok ince)

150 g/5 oz/2/3 bardak tereyağı veya margarin, yumuşatılmış

2 yumurta sarısı

1 portakalın rendelenmiş kabuğu

75 g/3 oz/¾ bardak doğal çikolata (yarı tatlı)

Unu ve baharatları karıştırın, ardından şekeri ekleyin. Tereyağı veya margarini, yumurta sarısını ve portakal kabuğunu ekleyip pürüzsüz bir hamur elde edene kadar karıştırın. Plastik sargıya sarın ve 1 saat soğumaya bırakın.

Hamuru, yağlanmış bir fırın tepsisine (kurabiye) büyük bir yıldız ağızlık (uç) ve uzun borular takılmış bir hamur torbasına dökün. Önceden ısıtılmış fırında 190°C/375°F/gaz işareti 5'te 10 dakika altın rengi kahverengi olana kadar pişirin. Soğumaya bırakın.

Çikolatayı, kaynayan su dolu bir tencerenin üzerine yerleştirilmiş, ısıya dayanıklı bir kapta eritin. Kurabiyelerin uçlarını eritilmiş çikolataya batırın ve pişirme kağıdı üzerinde donana kadar bekletin.

Fıstık Ezmeli Kurabiyeler

18 önce

100 g/4 oz/½ bardak tereyağı veya margarin, yumuşatılmış

100g/4oz/½ bardak pudra şekeri (çok ince)

100g/4oz/½ bardak gevrek veya pürüzsüz fıstık ezmesi

60 ml/4 yemek kaşığı altın şurubu (hafif mısır)

15 ml/1 yemek kaşığı süt

175g/6oz/1½ su bardağı sade un (çok amaçlı)

2,5 ml/½ çay kaşığı kabartma tozu (kabartma tozu)

Tereyağı veya margarini ve şekeri hafif ve kabarık olana kadar çırpın. Fıstık ezmesini, ardından şurubu ve sütü karıştırın. Unu ve kabartma tozunu karıştırıp karışıma ekleyin ve pürüzsüz hale gelinceye kadar yoğurun. Bir kütük haline getirin ve sertleşinceye kadar soğutun.

5 mm/¼ kalınlığında dilimler halinde kesin ve hafifçe yağlanmış bir fırın (kurabiye) tepsisine yerleştirin. Bisküvileri önceden ısıtılmış fırında 180°C/350°F/gaz işareti 4'te 12 dakika altın rengi kahverengi olana kadar pişirin.

Fıstık Ezmesi ve Çikolata Swirls

24 önce

50 g/2 oz/¼ bardak tereyağı veya margarin, yumuşatılmış

50g/2oz/¼ bardak açık kahverengi şeker

50g/2oz/¼ bardak pudra şekeri (çok ince)

50g/2oz/¼ bardak pürüzsüz fıstık ezmesi

1 yumurta sarısı

75 g/3 oz/¾ bardak sade un (çok amaçlı)

2,5 ml/½ çay kaşığı kabartma tozu (kabartma tozu)

50 g/2 oz/½ fincan doğal çikolata (yarı tatlı)

Tereyağı veya margarini ve şekeri hafif ve kabarık olana kadar çırpın. Fıstık ezmesini, ardından yumurta sarısını yavaş yavaş ekleyerek karıştırın. Unu ve kabartma tozunu karıştırın ve sert bir hamur elde edene kadar karışıma ekleyin. Bu arada çikolatayı, kaynayan su dolu bir tencerenin üzerine yerleştirilmiş, ısıya dayanıklı bir kapta eritin. Hamuru 30 x 46 cm (12 x 18 inç) boyutunda açın ve eritilmiş çikolatayı neredeyse kenarlara kadar yayın. Uzun tarafından yuvarlayın, streç filmle sarın ve sertleşinceye kadar soğutun.

Ruloyu ¼ inç/5 mm dilimler halinde kesin ve yağlanmamış bir kurabiye tepsisine yerleştirin. Önceden ısıtılmış fırında 180°C/350°F/gaz işareti 4'te 10 dakika altın rengi kahverengi olana kadar pişirin.

Yulaf ezmeli fıstık ezmeli kurabiye

24 önce

75 g/3 oz/1/3 su bardağı tereyağı veya margarin, yumuşatılmış

75 g/3 oz/1/3 bardak fıstık ezmesi

150 g/5 oz/2/3 su bardağı yumuşak esmer şeker

1 yumurta

50g/2oz/½ bardak sade un (çok amaçlı)

2,5 ml/½ çay kaşığı kabartma tozu

bir tutam tuz

Birkaç damla vanilya özü (özü)

75 g/3 oz/¾ bardak yulaf ezmesi

40 g/1½ oz/1/3 bardak çikolata parçaları

Tereyağı veya margarini, fıstık ezmesini ve şekeri hafif ve kabarık olana kadar çırpın. Yavaş yavaş yumurtayı çırpın. Unu, kabartma tozunu ve tuzu ekleyin. Vanilya özünü, yulafı ve çikolata parçacıklarını ekleyin. Yağlanmış bir fırın tepsisine kaşık dolusu damlatın ve bisküvileri önceden ısıtılmış fırında 180°C/350°F/gaz işareti 4'te 15 dakika pişirin.

Ballı Hindistan Cevizli Fıstık Ezmeli Kurabiye

24 önce

120 ml/4 fl oz/½ bardak sıvı yağ

175 g/6 oz/½ bardak hafif bal

175g/6oz/¾ bardak çıtır fıstık ezmesi

1 çırpılmış yumurta

100 g/4 oz/1 bardak yulaf ezmesi

225 g/8 oz/2 su bardağı tam buğday unu (tam buğday)

50g/2oz/½ bardak kurutulmuş hindistan cevizi (rendelenmiş)

Yağ, bal, fıstık ezmesi ve yumurtayı karıştırıp kalan malzemeleri ekleyin. Yağlanmış bir pişirme (kurabiye) tepsisine kaşık dolusu damlatın ve yaklaşık 6 mm/¼ kalınlığa kadar hafifçe düzleştirin. Bisküvileri önceden ısıtılmış fırında 180°C/350°F/gaz işareti 4'te 12 dakika altın rengi kahverengi olana kadar pişirin.

Cevizli kurabiye

24 önce

100 g/4 oz/½ bardak tereyağı veya margarin, yumuşatılmış

45 ml/3 yemek kaşığı yumuşak esmer şeker

100g/4oz/1 su bardağı sade un (çok amaçlı)

bir tutam tuz

5 ml/1 çay kaşığı vanilya özü (ekstresi)

100 g/4 oz/1 bardak ceviz, ince doğranmış

Üzerine serpmek için elenmiş pudra şekeri

Tereyağı veya margarini ve şekeri hafif ve kabarık olana kadar çırpın. Pudra şekeri hariç kalan malzemeleri yavaş yavaş ekleyin. 3 cm/1½ inçlik toplar halinde şekillendirin ve yağlanmış bir kurabiye tepsisine yerleştirin. Bisküvileri önceden ısıtılmış fırında 160°C/325°F/gaz işareti 3'te 15 dakika altın rengi kahverengi olana kadar pişirin. Üzerine pudra şekeri serperek servis yapın.

Fırıldak kurabiyeleri

24 önce

175g/6oz/1½ su bardağı sade un (çok amaçlı)

5 ml/1 çay kaşığı kabartma tozu

bir tutam tuz

75 g/3 oz/1/3 bardak tereyağı veya margarin

75 g/3 oz/1/3 su bardağı pudra şekeri (çok ince)

Birkaç damla vanilya özü (özü)

20 ml/4 çay kaşığı su

10 ml/2 çay kaşığı kakao (şekersiz çikolata) tozu

Unu, kabartma tozunu ve tuzu karıştırın, ardından tereyağı veya margarini ekleyerek ekmek kırıntısı görünümü alana kadar ovalayın. Şeker ekle. Vanilya özünü ve suyu ekleyip pürüzsüz bir hamur elde edene kadar karıştırın. Bir top haline getirin, ardından ikiye bölün. Kakaoyu hamurun yarısına kadar işleyin. Her hamur parçasını 25 x 18 cm (10 x 7 inç) dikdörtgen şeklinde açın ve birini diğerinin üzerine yerleştirin. Birbirine yapışması için yavaşça yuvarlayın. Hamuru uzun tarafından yuvarlayıp hafifçe bastırın. Plastik ambalaja (plastik ambalaj) sarın ve yaklaşık 30 dakika soğumaya bırakın.

Bunları 1/1 inç kalınlığında dilimler halinde kesin ve yağlanmış bir fırın (kurabiye) tepsisine geniş aralıklarla yerleştirin. Bisküvileri önceden ısıtılmış fırında 180°C/350°F/gaz işareti 4'te 15 dakika altın rengi kahverengi olana kadar pişirin.

Hızlı Ayran Kurabiyeleri

12 önce

75 g/3 oz/1/3 bardak tereyağı veya margarin

225g/8oz/2 su bardağı sade un (çok amaçlı)

15 ml/1 yemek kaşığı kabartma tozu

2,5 ml/½ çay kaşığı tuz

175 ml/6 fl oz/¾ bardak ayran

Üzerine serpmek için elenmiş pudra şekeri (isteğe bağlı)

Tereyağı veya margarini un, kabartma tozu ve tuzla, karışım ekmek kırıntısı görünümüne gelinceye kadar ovalayın. Yumuşak bir hamur elde etmek için yavaş yavaş ayran ekleyin. Karışımı hafifçe unlanmış bir yüzeyde yaklaşık 2 cm/¾ kalınlığında açın ve kurabiye kalıbıyla daireler halinde kesin. Bisküvileri yağlanmış bir fırın (bisküvi) tepsisine yerleştirin ve önceden ısıtılmış fırında 230°C/450°F/gaz işareti 8'de altın rengi oluncaya kadar 10 dakika pişirin. İsterseniz şekerleme şekeri serpin.

kuru üzümlü kurabiye

24 önce

100 g/4 oz/½ bardak tereyağı veya margarin, yumuşatılmış

50g/2oz/¼ bardak pudra şekeri (çok ince)

1 limonun rendelenmiş kabuğu

50 gr/2 oz/1/3 bardak kuru üzüm

150g/5oz/1¼ bardak kendi kendine kabaran un

Tereyağı veya margarini ve şekeri hafif ve kabarık olana kadar çırpın. Limon kabuğu rendesini işleyin, ardından kuru üzümleri ve unu ekleyerek koyu bir karışım elde edin. Büyük, ceviz büyüklüğünde toplar yapın ve bunları yağlanmış bir fırın tepsisine (kurabiye) aralıklı olarak yerleştirin, ardından düzleştirmek için bir çatalla hafifçe bastırın. Bisküvileri önceden ısıtılmış fırında 180°C/350°F/gaz işareti 4'te 15 dakika altın rengi kahverengi olana kadar pişirin.

Yumuşak Üzümlü Kurabiye

36 önce

100 g/4 oz/2/3 bardak kuru üzüm

90 ml/6 yemek kaşığı kaynar su

50 g/2 oz/¼ bardak tereyağı veya margarin, yumuşatılmış

175g/6oz/¾ bardak pudra şekeri (çok ince)

1 yumurta, hafifçe çırpılmış

2,5 ml/½ çay kaşığı vanilya özü (ekstresi)

175g/6oz/1½ su bardağı sade un (çok amaçlı)

2,5 ml/½ çay kaşığı kabartma tozu

1,5 ml/¼ çay kaşığı kabartma tozu (kabartma tozu)

2,5 ml/½ çay kaşığı tuz

2,5 ml/½ çay kaşığı öğütülmüş tarçın

Bir tutam rendelenmiş hindistan cevizi

50g/2oz/½ bardak kıyılmış karışık fındık

Kuru üzümleri ve kaynar suyu bir tencereye koyun, kaynatın, kapağını kapatın ve 3 dakika pişirin. Soğumaya bırakın. Tereyağı veya margarini ve şekeri hafif ve kabarık olana kadar çırpın. Yavaş yavaş yumurta ve vanilya özünü ekleyin. Kuru üzüm ve ıslatma sıvısıyla dönüşümlü olarak un, kabartma tozu, kabartma tozu, tuz ve baharatları ekleyin. Cevizleri ekleyip pürüzsüz bir hamur elde edene kadar karıştırın. Plastik ambalaja (plastik ambalaj) sarın ve en az 1 saat soğumaya bırakın.

Yağlanmış bir fırın (kurabiye) tepsisine kaşık dolusu hamur koyun ve kurabiyeleri önceden ısıtılmış fırında 180°C/350°F/gaz işareti 4'te altın kahverengi olana kadar 10 dakika pişirin.

Dilimlenmiş kuru üzüm ve pekmez

24 önce

25 g/1 oz/2 yemek kaşığı tereyağı veya margarin, yumuşatılmış

100g/4oz/½ bardak pudra şekeri (çok ince)

1 yumurta sarısı

30 ml/2 yemek kaşığı çörek otu pekmezi (pekmez)

75 g/3 oz/½ bardak kuş üzümü

150g/5oz/1¼ bardak sade un (çok amaçlı)

5 ml/1 çay kaşığı karbonat (kabartma tozu)

5 ml/1 çay kaşığı öğütülmüş tarçın

bir tutam tuz

30 ml/2 yemek kaşığı soğuk siyah kahve

Tereyağı veya margarini ve şekeri hafif ve kabarık olana kadar çırpın. Yavaş yavaş yumurta sarısını ve pekmezi ekleyin, ardından kuş üzümlerini ekleyin. Unu, karbonatı, tarçını ve tuzu karıştırıp kahveyle karıştırın. Karışımı örtün ve soğutun.

30cm/12inç kare şeklinde açın, ardından kütük şeklinde yuvarlayın. Yağlanmış bir fırın (kurabiye) tepsisine yerleştirin ve önceden ısıtılmış fırında 180°C/350°F/gaz işareti 4'te dokunulabilecek kadar sertleşinceye kadar 15 dakika pişirin. Dilimler halinde kesin ve ardından bir rafta soğumaya bırakın.

Ratafia Kurabiyeleri

16 önce

100g/4oz/½ bardak toz şeker

50 g/2 oz/¼ bardak öğütülmüş badem

15 ml/1 yemek kaşığı öğütülmüş pirinç

1 yumurta beyazı

25 g/1 oz/¼ bardak pullanmış badem (dilimlenmiş)

Şekeri, öğütülmüş bademleri ve öğütülmüş pirinci karıştırın.
Yumurta beyazını çırpın ve 2 dakika daha çırpmaya devam edin.
Ceviz büyüklüğündeki bisküvileri, 5 mm/¼ inç düz uçlu, pirinç
kağıdıyla kaplı bir fırın tepsisine yerleştirin. Her kurabiyenin
üzerine bir adet file badem koyun. Önceden ısıtılmış fırında
190°C/375°F/gaz işareti 5'te 15 dakika altın rengi kahverengi
olana kadar pişirin.

Pirinç krakerleri ve müsli

24 önce

75 g/3 oz/¼ fincan pişmiş kahverengi pirinç

50 g/2 oz/½ fincan müsli

75 g/3 oz/¾ bardak tam buğday unu (tam buğday)

2,5 ml/½ çay kaşığı tuz

2,5 ml/½ çay kaşığı kabartma tozu (kabartma tozu)

5 ml/1 çay kaşığı öğütülmüş karışık baharatlar (elmalı turta)

30 ml/2 yemek kaşığı hafif bal

75 g/3 oz/1/3 su bardağı tereyağı veya margarin, yumuşatılmış

Pirinç, müsli, un, tuz, karbonat ve baharat karışımını karıştırın. Bal ve tereyağı veya margarini yumuşayana kadar çırpın. Pirinç karışımına çırpın. Karışımı ceviz büyüklüğünde toplar haline getirin ve yağlanmış fırın tepsisine (kurabiye) birbirinden uzak olacak şekilde yerleştirin. Hafifçe düzleştirin, ardından önceden ısıtılmış fırında 190°C/375°F/gaz işareti 5'te 15 dakika veya altın kahverengi olana kadar pişirin. 10 dakika soğumaya bırakın, ardından soğumayı tamamlamak için tel rafa aktarın. Hava geçirmez bir kapta saklayın.

Roman Kremleri

10 önce

25 g/1 oz/2 yemek kaşığı tereyağı (sebze yağı)

25 g/1 oz/2 yemek kaşığı tereyağı veya margarin, yumuşatılmış

50g/2oz/¼ bardak açık kahverengi şeker

2,5 ml/½ çay kaşığı altın şurubu (hafif mısır)

50g/2oz/½ bardak sade un (çok amaçlı)

bir tutam tuz

25 g/1 oz/¼ bardak yulaf ezmesi

2,5 ml/½ çay kaşığı öğütülmüş karışık baharatlar (elmalı turta)

2,5 ml/½ çay kaşığı kabartma tozu (kabartma tozu)

10 ml/2 çay kaşığı kaynar su

tereyağı sır

Domuz yağı, tereyağı veya margarini ve şekeri hafif ve kabarık olana kadar çırpın. Şurubu ekleyin, ardından un, tuz, yulaf ve karışık baharatları ekleyip iyice karışana kadar karıştırın. Kabartma tozunu suda eritin ve sert bir hamur oluşana kadar karıştırın. Aynı büyüklükte 20 küçük top haline getirin ve bunları yağlanmış fırın (kurabiye) tepsilerine aralıklı olarak yerleştirin. Avuç içinizle hafifçe düzleştirin. Önceden ısıtılmış fırında 160°C/325°F/gaz işareti 3'te 15 dakika pişirin. Fırın tepsilerinde soğumaya bırakın. Soğuduğunda, kurabiye çiftlerini tereyağlı krema (dondurma) ile birlikte sandviçleyin.

kum kurabiyeleri

48 önce

100 g/4 oz/½ fincan yumuşak, sert tereyağı veya margarin

225g/8oz/1 su bardağı yumuşak esmer şeker

1 yumurta, hafifçe çırpılmış

225g/8oz/2 su bardağı sade un (çok amaçlı)

krema için yumurta akı

30 ml/2 yemek kaşığı ezilmiş fıstık

Tereyağı veya margarini ve şekeri hafif ve kabarık olana kadar çırpın. Yumurtayı çırpın, ardından unu ekleyip karıştırın. Hafifçe unlanmış zeminde çok ince bir şekilde açın ve kurabiye kalıbıyla şekillendirin. Kurabiyeleri yağlanmış bir fırın tepsisine (kurabiye) yerleştirin, üstlerine yumurta akı sürün ve fıstık serpin. Önceden ısıtılmış fırında 180°C/350°F/gaz işareti 4'te 10 dakika altın rengi kahverengi olana kadar pişirin.

Ekşi Kremalı Kurabiyeler

24 önce

50 g/2 oz/¼ bardak tereyağı veya margarin, yumuşatılmış

175g/6oz/¾ bardak pudra şekeri (çok ince)

1 yumurta

60 ml/4 yemek kaşığı ekşi krema (ekşi sütlü)

2. 5 ml/½ çay kaşığı vanilya özü (ekstresi)

150g/5oz/1¼ bardak sade un (çok amaçlı)

2,5 ml/½ çay kaşığı kabartma tozu

75 g/3 oz/½ bardak kuru üzüm

Tereyağı veya margarini ve şekeri hafif ve kabarık olana kadar çırpın. Yavaş yavaş yumurtayı, kremayı ve vanilya özünü ekleyin. Unu, kabartma tozunu ve kuru üzümleri karıştırın ve iyice karışana kadar karışıma karıştırın. Karışımdan yuvarlak çay kaşığı kadarını hafifçe yağlanmış pişirme (kurabiye) tepsilerine dökün ve önceden ısıtılmış 180°C/350°F/gaz işareti 4 fırında altın kahverengi olana kadar yaklaşık 10 dakika pişirin.

Esmer şekerli kurabiye

24 önce

100 g/4 oz/½ bardak tereyağı veya margarin, yumuşatılmış

100 g/4 oz/½ bardak yumuşak kahverengi şeker

1 yumurta, hafifçe çırpılmış

2,5 ml/1 çay kaşığı vanilya özü (ekstresi)

150g/5oz/1¼ bardak sade un (çok amaçlı)

2,5 ml/½ çay kaşığı kabartma tozu (kabartma tozu)

bir tutam tuz

75 g/3 oz/½ fincan kuru üzüm (altın kuru üzüm)

Tereyağı veya margarini ve şekeri hafif ve kabarık olana kadar çırpın. Yavaş yavaş yumurta ve vanilya özünü ekleyin. Pürüzsüz olana kadar kalan malzemeleri ekleyin. Hafifçe yağlanmış bir fırın (kurabiye) tepsisine geniş aralıklarla yuvarlak çay kaşığı dolusu damlatın. Bisküvileri önceden ısıtılmış fırında 180°C/350°F/gaz işareti 4'te 12 dakika altın rengi kahverengi olana kadar pişirin.

Şekerli ve hindistan cevizli kurabiye

24 önce

50 g/2 oz/¼ bardak tereyağı veya margarin, yumuşatılmış

100g/4oz/½ bardak pudra şekeri (çok ince)

1 yumurta sarısı

2,5 ml/½ çay kaşığı vanilya özü (ekstresi)

150g/5oz/1¼ bardak sade un (çok amaçlı)

5 ml/1 çay kaşığı kabartma tozu

Bir tutam rendelenmiş hindistan cevizi

60 ml/4 yemek kaşığı ekşi krema (ekşi sütlü)

Tereyağı veya margarini ve şekeri hafif ve kabarık olana kadar çırpın. Yumurta sarısını ve vanilya özünü ekleyin, ardından un, kabartma tozu ve hindistan cevizini ekleyin. Kremayı pürüzsüz olana kadar karıştırın. Örtün ve 30 dakika soğutun.

Hamuru 5 mm/¼ kalınlığında açın ve kurabiye kalıbıyla 5 cm/2 daire şeklinde kesin. Kurabiyeleri yağlanmamış bir pişirme (kurabiye) tepsisine yerleştirin ve önceden ısıtılmış fırında 200°C/400°F/gaz işareti 6'da altın rengi olana kadar 10 dakika pişirin.

galeta

8 önce

150g/5oz/1¼ bardak sade un (çok amaçlı)

bir tutam tuz

25 g/1 oz/¼ bardak pirinç unu veya öğütülmüş pirinç

50g/2oz/¼ bardak pudra şekeri (çok ince)

100 g/4 oz/¼ bardak sert tereyağı veya margarin, soğutulmuş ve rendelenmiş

Unu, tuzu ve pirinç ununu veya öğütülmüş pirinci karıştırın. Şekeri, ardından tereyağı veya margarini ekleyin. Karışımı ekmek kırıntısı görünümü alana kadar parmak uçlarınızla karıştırın. 18 cm/7 inçlik bir sandviç kalıbına (kızartma tavası) bastırın ve üstünü düzeltin. Her şeyi bir çatalla delin ve tabana kadar keserek sekiz eşit parçaya bölün. 1 saat soğutun.

Önceden ısıtılmış fırında 150°C/300°F/gaz işareti 2'de 1 saat boyunca soluk saman rengine gelene kadar pişirin. Kalıbı açmadan önce kalıbın içinde soğumaya bırakın.

Noel kurabiyeleri

12 önce

175 g/6 oz/¾ fincan tereyağı veya margarin

250g/9oz/2¼ bardak sade un (çok amaçlı)

75 g/3 oz/1/3 su bardağı pudra şekeri (çok ince)

Kapsam için:

15 ml/1 yemek kaşığı kıyılmış badem

15 ml/1 yemek kaşığı kıyılmış ceviz

30 ml/2 yemek kaşığı kuru üzüm

30 ml/2 yemek kaşığı sırlı (şekerlenmiş) kiraz, doğranmış

1 limonun rendelenmiş kabuğu

Tozunu almak için 15 ml/1 yemek kaşığı pudra şekeri (çok ince)

Karışım ekmek kırıntısı görünümüne gelinceye kadar tereyağı veya margarini unun içine sürün. Şeker ekle. Karışımı bir macun haline getirin ve pürüzsüz hale gelinceye kadar yoğurun. Yağlanmış bir İsviçre rulo kalıbına (jöle rulo tavası) bastırın ve yüzeyi düzeltin. Üzeri için olan malzemeleri karıştırıp hamurun içine bastırın. 12 parmak şeklinde çizik atın ve önceden ısıtılmış fırında 180°C/350°F/gaz işareti 4'te 30 dakika pişirin. Üzerine pudra şekeri serpin, parmak şeklinde kesin ve kalıpta soğumaya bırakın.

ballı tatlı ekmek

12 önce

100 g/4 oz/½ bardak tereyağı veya margarin, yumuşatılmış

75 g/3 oz/¼ bardak bal

200 g/7 oz/1¾ bardak tam buğday unu (tam buğday)

25 g/1 oz/¼ bardak kahverengi pirinç unu

1 limonun rendelenmiş kabuğu

Tereyağı veya margarini ve balı yumuşayana kadar çırpın. Unu ve limon kabuğu rendesini ekleyip pürüzsüz bir hamur elde edene kadar yoğurun. Yağlanmış ve unlanmış 18 cm/7 inçlik kek veya pandispanya kalıbına bastırın ve çatalla her yerine delik açın. 12 dilim halinde puan verin ve kenarları kıvırın. 1 saat soğutun.

Önceden ısıtılmış fırında 150°C/300°F/gaz işareti 2'de 40 dakika altın rengi kahverengi olana kadar pişirin. İşaretli parçalara kesin ve kalıpta soğumaya bırakın.

Limonlu Tereyağlı Kurabiye

12 önce

100g/4oz/1 su bardağı sade un (çok amaçlı)

50 g/2 oz/½ bardak mısır unu (mısır nişastası)

100 g/4 oz/½ bardak tereyağı veya margarin, yumuşatılmış

50g/2oz/¼ bardak pudra şekeri (çok ince)

1 limonun rendelenmiş kabuğu

Üzerine serpmek için pudra şekeri (çok ince)

Unu ve mısır nişastasını birlikte eleyin. Tereyağı veya margarini pürüzsüz hale gelinceye kadar çırpın, ardından pudra şekerini rengi açılıp kabarıncaya kadar çırpın. Limon kabuğu rendesini ekleyin, ardından un karışımını iyice karışana kadar çırpın. Kurabiyeyi 20 cm/8 cm'lik bir daire şeklinde açın ve yağlanmış bir fırın (kurabiye) tepsisine yerleştirin. Her şeyi çatalla delin ve kenarlarını yivleyin. 12 parçaya bölün ve üzerine pudra şekeri serpin. 15 dakika kadar buzdolabında dinlendirin. Önceden ısıtılmış fırında 160°C/325°F/gaz işareti 3'te 35 dakika boyunca soluk altın rengi olana kadar pişirin. Soğutmayı bitirmek için tel rafa çıkarmadan önce fırın tepsisinde 5 dakika soğumaya bırakın.

Tatlı kıymalı ekmek

8 önce

6 oz/175 g/¾ bardak tereyağı veya margarin, yumuşatılmış

50g/2oz/¼ bardak pudra şekeri (çok ince)

225g/8oz/2 su bardağı sade un (çok amaçlı)

60 ml/4 yemek kaşığı kıyma

Tereyağı veya margarini ve şekeri yumuşayana kadar çırpın. Unu, ardından kıymayı işleyin. 23 cm/7 inçlik bir sandviç kalıbına bastırın ve üstünü düzeltin. Her şeyi bir çatalla delin ve tabana kadar keserek sekiz parça kesin. 1 saat soğutun.

Önceden ısıtılmış fırında 160°C/325°F/gaz işareti 3'te 1 saat boyunca soluk saman rengine gelene kadar pişirin. Kalıbı açmadan önce kalıbın içinde soğumaya bırakın.

Cevizli Tereyağlı Kurabiye

12 önce

100 g/4 oz/½ bardak tereyağı veya margarin, yumuşatılmış

50g/2oz/¼ bardak pudra şekeri (çok ince)

100g/4oz/1 su bardağı sade un (çok amaçlı)

50 g/2 oz/½ bardak öğütülmüş pirinç

50 g/2 oz/½ bardak badem, ince doğranmış

Tereyağı veya margarini ve şekeri hafif ve kabarık olana kadar çırpın. Unu ve öğütülmüş pirinci karıştırın. Cevizleri ekleyip sert bir hamur elde edene kadar karıştırın. Pürüzsüz olana kadar hafifçe yoğurun. Yağlanmış bir İsviçre rulo kalıbının (jöle rulo tavası) tabanına bastırın ve yüzeyi düzeltin. Her şeyi çatalla delin. Önceden ısıtılmış fırında 160°C/325°F/gaz işareti 3'te 45 dakika boyunca soluk altın rengi olana kadar pişirin. Tavada 10 dakika soğumaya bırakın, ardından parmak şeklinde kesin. Kalıbı açmadan önce soğumayı tamamlamak için kalıbın içinde bırakın.

Portakallı Kurabiyeler

12 önce

100g/4oz/1 su bardağı sade un (çok amaçlı)

50 g/2 oz/½ bardak mısır unu (mısır nişastası)

100 g/4 oz/½ bardak tereyağı veya margarin, yumuşatılmış

50g/2oz/¼ bardak pudra şekeri (çok ince)

1 portakalın rendelenmiş kabuğu

Üzerine serpmek için pudra şekeri (çok ince)

Unu ve mısır nişastasını birlikte eleyin. Tereyağı veya margarini pürüzsüz hale gelinceye kadar çırpın, ardından pudra şekerini rengi açılıp kabarıncaya kadar çırpın. Portakal kabuğunu ekleyin, ardından un karışımını iyice karışana kadar çırpın. Kurabiyeyi 20 cm/8 cm'lik bir daire şeklinde açın ve yağlanmış bir fırın (kurabiye) tepsisine yerleştirin. Her şeyi çatalla delin ve kenarlarını yivleyin. 12 parçaya bölün ve üzerine pudra şekeri serpin. 15 dakika kadar buzdolabında dinlendirin. Önceden ısıtılmış fırında 160°C/325°F/gaz işareti 3'te 35 dakika boyunca soluk altın rengi olana kadar pişirin. Soğutmayı bitirmek için tel rafa çıkarmadan önce fırın tepsisinde 5 dakika soğumaya bırakın.

Zengin adamın tatlı ekmeği

36 önce

Taban için:

225 g/8 oz/1 bardak tereyağı veya margarin

275 g/10 oz/2½ su bardağı sade un (çok amaçlı)

100g/4oz/½ bardak pudra şekeri (çok ince)

Doldurmak için:

225 g/8 oz/1 bardak tereyağı veya margarin

225g/8oz/1 su bardağı yumuşak esmer şeker

60 ml/4 yemek kaşığı altın şurubu (hafif mısır)

400g/14oz konserve yoğunlaştırılmış süt

Birkaç damla vanilya özü (özü)

Kapsam için:

8 oz/225 g/2 bardak doğal çikolata (yarı tatlı)

Tabanı hazırlamak için tereyağı veya margarini unun içine sürün, ardından şekeri ekleyin ve karışımı sert bir hamur elde edene kadar yoğurun. Alüminyum folyo ile kaplı, yağlanmış bir İsviçre rulo kalıbının (jöle rulo tavası) tabanına bastırın. Önceden ısıtılmış fırında 180°C/ 350°F/gaz işareti 4'te 35 dakika altın rengi oluncaya kadar pişirin. Kalıpta soğumaya bırakın.

İç harcı hazırlamak için tereyağı veya margarini, şekeri, şurubu ve yoğunlaştırılmış sütü bir tencerede kısık ateşte sürekli karıştırarak eritin. Kaynatın, ardından sürekli karıştırarak 7 dakika pişirin. Ateşten alın, vanilya özünü ekleyin ve iyice çırpın. Tabanın üzerine dökün ve soğumaya bırakın ve soğumaya bırakın.

Çikolatayı, kaynayan su dolu bir tencerenin üzerine yerleştirilmiş, ısıya dayanıklı bir kapta eritin. Karamel tabakasını üzerine yayın ve desenleri çatalla çizin. Soğumaya bırakın ve dinlendirin, ardından karelere kesin.

Tam Tahıl Yulaf Ezmeli Kurabiye

10 önce

100 g/4 oz/½ bardak tereyağı veya margarin

150 g/5 oz/1¼ bardak tam buğday unu (tam buğday)

25 g/1 oz/¼ bardak yulaf unu

50g/2oz/¼ bardak açık kahverengi şeker

Karışım ekmek kırıntısı görünümüne gelinceye kadar unların içine tereyağı veya margarini sürün. Şekeri ekleyin ve yumuşak, ufalanan bir hamur elde edene kadar hafifçe yoğurun. Hafifçe unlanmış bir yüzeyde yaklaşık 1 cm/½ kalınlığında açın ve kurabiye kalıbıyla 5 cm/2 daire şeklinde kesin. Dikkatlice yağlanmış bir fırın (kurabiye) tepsisine aktarın ve önceden ısıtılmış fırında 150°C/300°F/gaz işareti 3'te altın rengi ve sertleşene kadar yaklaşık 40 dakika pişirin.

Badem Girdapları

16 önce

6 oz/175 g/¾ bardak tereyağı veya margarin, yumuşatılmış

50 g/2 oz/1/3 bardak pudra şekeri, elenmiş

2,5 ml/½ çay kaşığı badem özü (özü)

175g/6oz/1½ su bardağı sade un (çok amaçlı)

8 glacé kiraz (şekerlenmiş), yarıya veya dörde bölünmüş

Üzerine serpmek için elenmiş pudra şekeri

Tereyağı veya margarini ve şekeri çırpın. Badem özünü ve ununu çırpın. Karışımı, yıldız şeklinde büyük bir ağızlık (uç) takılmış sıkma torbasına aktarın. Yağlanmış bir çerez kağıdına 16 düz girdap yerleştirin. Her birinin üstüne bir parça kiraz koyun. Önceden ısıtılmış fırında 160°C/325°F/gaz işareti 3'te 20 dakika altın rengi kahverengi olana kadar pişirin. Tepside 5 dakika soğumaya bırakın, ardından tel ızgaraya aktarın ve üzerine pudra şekeri serpin.

çikolata bezeli kurabiyeler

24 önce

100 g/4 oz/½ bardak tereyağı veya margarin, yumuşatılmış

5 ml/1 çay kaşığı vanilya özü (ekstresi)

4 yumurta akı

200g/7oz/1¾ bardak sade un (çok amaçlı)

50g/2oz/¼ bardak pudra şekeri (çok ince)

45 ml/3 yemek kaşığı kakao (şekersiz çikolata) tozu

100g/4oz/2/3 bardak pudra şekeri, elenmiş

Tereyağı veya margarini, vanilya özünü ve iki yumurta akını çırpın. Unu, şekeri ve kakaoyu karıştırın, ardından yavaş yavaş tereyağı karışımına ekleyin. Yağlanmış 30 cm/12 inçlik kare bir kalıba (tepsi) bastırın. Kalan yumurta aklarını pudra şekeriyle çırpın ve üzerine yayın. Önceden ısıtılmış fırında 190°C/375°F/gaz işareti 5'te 20 dakika altın rengi kahverengi olana kadar pişirin. Çubuklar halinde kesin.

kurabiye insanlar

yaklaşık 12 önce

100 g/4 oz/½ bardak tereyağı veya margarin, yumuşatılmış

100g/4oz/½ bardak pudra şekeri (çok ince)

1 çırpılmış yumurta

225g/8oz/2 su bardağı sade un (çok amaçlı)

Biraz kuş üzümü ve kremalı kiraz (şekerlenmiş)

Tereyağı veya margarini ve şekeri çırpın. Yumurtayı azar azar ekleyip iyice çırpın. Unu metal bir kaşıkla katlayın. Karışımı hafifçe unlanmış bir yüzeyde yaklaşık 5 mm/¼ kalınlığa kadar açın. İnsanları bir kurabiye kesici veya bıçakla kesin ve tüm hamuru kullanana kadar kesikleri yeniden açın. Yağlanmış bir fırın tepsisine (kurabiye) yerleştirin ve kuş üzümlerini gözler ve düğmeler için bastırın. Ağızlar için kiraz dilimleri kesin. Bisküvileri önceden ısıtılmış fırında 190°C/375°F/gaz işareti 5'te altın kahverengi olana kadar 10 dakika pişirin. Bir raf üzerinde soğumaya bırakın.

Dondurulmuş zencefilli kek

İki adet 20 cm/8 inçlik kek yapar

Kek için:

225 g/1 bardak tereyağı veya margarin, yumuşatılmış

100g/4oz/½ bardak pudra şekeri (çok ince)

275 g/10 oz/2½ su bardağı sade un (çok amaçlı)

10 ml/2 çay kaşığı kabartma tozu

10 ml/2 çay kaşığı öğütülmüş zencefil

Sır için (buzlanma):

50 g/2 oz/¼ bardak tereyağı veya margarin

15 ml/1 yemek kaşığı altın şurubu (hafif mısır)

100g/4oz/2/3 bardak pudra şekeri, elenmiş

5 ml/1 çay kaşığı öğütülmüş zencefil

Pandispanyayı yapmak için tereyağı veya margarini ve şekeri hafif ve kabarık olana kadar kremalayın. Kalan kurabiye malzemelerini bir hamur elde etmek için karıştırın, karışımı ikiye bölün ve iki adet yağlanmış 20cm/8 inçlik sandviç tavalarına bastırın. Önceden ısıtılmış fırında 160°C/325°F/gasmark 3'te 40 dakika pişirin.

Sır hazırlamak için tereyağı veya margarini ve şurubu bir tencerede eritin. Pudra şekeri ve zencefili ekleyip iyice karıştırın. Her iki kekin üzerine dökün ve soğuyana kadar bekletin, ardından dilimler halinde kesin.

Shrewsbury Bisküvileri

24 önce

100 g/4 oz/½ bardak tereyağı veya margarin, yumuşatılmış

100g/4oz/½ bardak pudra şekeri (çok ince)

1 yumurta sarısı

225g/8oz/2 su bardağı sade un (çok amaçlı)

5 ml/1 çay kaşığı kabartma tozu

5 ml/1 çay kaşığı rendelenmiş limon kabuğu

Tereyağı veya margarini ve şekeri hafif ve kabarık olana kadar
çırpın. Yavaş yavaş yumurta sarısını ekleyin, ardından unu,
kabartma tozunu ve limon kabuğu rendesini ekleyerek karışım bir
araya gelinceye kadar ellerinizle bitirin. 5 mm/¼ kalınlığında açın
ve kurabiye kalıbıyla 6 cm/2¼ daireler halinde kesin. Kurabiyeleri
yağlanmış fırın tepsisine aralıklı olarak dizin ve çatalla delin.
Önceden ısıtılmış fırında 180°C/350°F/gaz işareti 4'te 15 dakika
altın rengi kahverengi olana kadar pişirin.

İspanyol baharatlı kurabiyeleri

16 önce

90 ml/6 yemek kaşığı zeytinyağı

100g/4oz/½ bardak toz şeker

100g/4oz/1 su bardağı sade un (çok amaçlı)

15 ml/1 yemek kaşığı kabartma tozu

10 ml/2 çay kaşığı öğütülmüş tarçın

3 yumurta

1 limonun rendelenmiş kabuğu

30 ml/2 yemek kaşığı elenmiş pudra şekeri

Yağı küçük bir tencerede ısıtın. Şekeri, unu, kabartma tozunu ve tarçını karıştırın. Ayrı bir kapta yumurtaları ve limon kabuğu rendesini köpürene kadar çırpın. Yumuşak bir hamur elde etmek için kuru malzemeleri ve yağı ekleyin. Hamuru iyice yağlanmış bir İsviçre rulo kalıbına (jöle kalıbı) dökün ve önceden ısıtılmış fırında 180°C/350°F/gaz işareti 4'te 30 dakika altın rengi kahverengi olana kadar pişirin. Kalıptan çıkarın, soğumaya bırakın, ardından üçgenler halinde kesin ve kurabiyelere pudra şekeri serpin.

Eski Moda Baharatlı Kurabiyeler

24 önce

75 g/3 oz/1/3 bardak tereyağı veya margarin

50g/2oz/¼ bardak pudra şekeri (çok ince)

45 ml/3 yemek kaşığı çörek otu pekmezi (pekmez)

175 g/6 oz/¾ bardak sade un (çok amaçlı)

5 ml/1 çay kaşığı öğütülmüş tarçın

5 ml/1 çay kaşığı öğütülmüş karışık baharatlar (elmalı turta)

2,5 ml/½ çay kaşığı öğütülmüş zencefil

2,5 ml/½ çay kaşığı kabartma tozu (kabartma tozu)

Tereyağı veya margarini, şekeri ve pekmezi kısık ateşte eritin. Unu, baharatları ve kabartma tozunu bir kapta karıştırın. Pekmez karışımına dökün ve iyice karışana kadar karıştırın. Pürüzsüz olana kadar karıştırın ve küçük toplar haline getirin. Yağlanmış bir fırın tepsisine (kurabiye) iyi aralıklarla yerleştirin ve çatalla bastırın. Bisküvileri önceden ısıtılmış fırında 180°C/350°F/gaz işareti 4'te sertleşip altın rengi oluncaya kadar 12 dakika pişirin.

pekmezli kurabiye

24 önce

75 g/3 oz/1/3 su bardağı tereyağı veya margarin, yumuşatılmış

100 g/4 oz/½ bardak yumuşak kahverengi şeker

1 yumurta sarısı

30 ml/2 yemek kaşığı çörek otu pekmezi (pekmez)

100g/4oz/1 su bardağı sade un (çok amaçlı)

5 ml/1 çay kaşığı karbonat (kabartma tozu)

bir tutam tuz

5 ml/1 çay kaşığı öğütülmüş tarçın

2,5 ml/½ çay kaşığı öğütülmüş karanfil

Tereyağı veya margarini ve şekeri hafif ve kabarık olana kadar çırpın. Yavaş yavaş yumurta sarısını ve pekmezi ekleyin. Un, kabartma tozu, tuz ve baharatları karıştırıp karışıma karıştırın. Örtün ve soğutun.

Karışımı 3 cm'lik toplar halinde yuvarlayın ve yağlanmış bir kurabiye tepsisine yerleştirin. Bisküvileri önceden ısıtılmış fırında 180°C/350°F/gaz işareti 4'te sertleşene kadar 10 dakika pişirin.

Pekmez, Kayısı ve Cevizli Kurabiye

yaklaşık 24 önce

50 g/2 oz/¼ bardak tereyağı veya margarin

50g/2oz/¼ bardak pudra şekeri (çok ince)

50g/2oz/¼ bardak açık kahverengi şeker

1 yumurta, hafifçe çırpılmış

2,5 ml/½ çay kaşığı kabartma tozu (kabartma tozu)

30 ml/2 yemek kaşığı ılık su

45 ml/3 yemek kaşığı çörek otu pekmezi (pekmez)

25g/1oz yemeye hazır kuru kayısı, doğranmış

25 g/1 oz/¼ bardak kıyılmış karışık fındık

100g/4oz/1 su bardağı sade un (çok amaçlı)

bir tutam tuz

Bir tutam öğütülmüş karanfil

Tereyağı veya margarini ve şekeri hafif ve kabarık olana kadar çırpın. Yavaş yavaş yumurtayı çırpın. Kabartma tozunu suyla karıştırın, kalan malzemelerle karışıma karıştırın. Yağlanmış bir fırın (kurabiye) tepsisine kaşık dolusu damlatın ve önceden ısıtılmış 180°C/350°F/gaz işareti 4 fırında 10 dakika pişirin.

Pekmezli ve Ayranlı Kurabiye

24 önce

50 g/2 oz/¼ bardak tereyağı veya margarin, yumuşatılmış

50g/2oz/¼ bardak açık kahverengi şeker

150 ml/¼ pt/2/3 bardak çörek otu pekmezi (pekmez)

150 ml/¼ pt/2/3 bardak ayran

175g/6oz/1½ su bardağı sade un (çok amaçlı)

2,5 ml/½ çay kaşığı kabartma tozu (kabartma tozu)

Tereyağı veya margarini ve şekeri hafif ve kabarık olana kadar çırpın, ardından pekmezi ve ayranı un ve kabartma tozu ile dönüşümlü olarak karıştırın. Yağlanmış bir fırın (kurabiye) tepsisine büyük kaşık dolusu damlatın ve önceden ısıtılmış 190°C/375°F/gaz işareti 5 fırında 10 dakika pişirin.

Pekmez ve kahve kurabiyeleri

24 önce

60 g/2½ oz/1/3 bardak tereyağı (sebze yağı)

50g/2oz/¼ bardak açık kahverengi şeker

3 oz/75 g/¼ bardak siyah şerit pekmezi (pekmez)

2,5 ml/½ çay kaşığı vanilya özü (ekstresi)

200g/7oz/1¾ bardak sade un (çok amaçlı)

5 ml/1 çay kaşığı karbonat (kabartma tozu)

bir tutam tuz

2,5 ml/½ çay kaşığı öğütülmüş zencefil

2,5 ml/½ çay kaşığı öğütülmüş tarçın

60 ml/4 yemek kaşığı soğuk siyah kahve

Domuz yağı ve şekeri hafif ve kabarık olana kadar çırpın. Pekmezi ve vanilya özünü ekleyin. Unu, karbonatı, tuzu ve baharatları karıştırın ve kahveyle dönüşümlü olarak karışıma ekleyin. Birkaç saat boyunca örtün ve soğutun.

Hamuru 5 mm/¼ kalınlığında açın ve kurabiye kalıbıyla 5 cm/2 daire şeklinde kesin. Kurabiyeleri yağlanmamış bir pişirme (kurabiye) tepsisine yerleştirin ve önceden ısıtılmış fırında 190°C/375°F/gaz işareti 5'te dokunulabilecek kadar sertleşinceye kadar 10 dakika pişirin.

Pekmez ve Hurmalı Kurabiye

yaklaşık 24 önce

50 g/2 oz/¼ bardak tereyağı veya margarin, yumuşatılmış

50g/2oz/¼ bardak pudra şekeri (çok ince)

50g/2oz/¼ bardak açık kahverengi şeker

1 yumurta, hafifçe çırpılmış

2,5 ml/½ çay kaşığı kabartma tozu (kabartma tozu)

30 ml/2 yemek kaşığı ılık su

45 ml/3 yemek kaşığı çörek otu pekmezi (pekmez)

1 oz/25 g/¼ bardak çekirdekleri çıkarılmış hurma (çekirdekleri çıkarılmış), doğranmış

100g/4oz/1 su bardağı sade un (çok amaçlı)

bir tutam tuz

Bir tutam öğütülmüş karanfil

Tereyağı veya margarini ve şekeri hafif ve kabarık olana kadar çırpın. Yavaş yavaş yumurtayı çırpın. Kabartma tozunu suyla karıştırın, ardından kalan malzemelerle birlikte karışıma karıştırın. Yağlanmış bir fırın (kurabiye) tepsisine kaşık dolusu damlatın ve önceden ısıtılmış 180°C/350°F/gaz işareti 4 fırında 10 dakika pişirin.

Pekmez ve zencefilli kurabiye

24 önce

50 g/2 oz/¼ bardak tereyağı veya margarin, yumuşatılmış

50g/2oz/¼ bardak açık kahverengi şeker

150 ml/¼ pt/2/3 bardak çörek otu pekmezi (pekmez)

150 ml/¼ pt/2/3 bardak ayran

175g/6oz/1½ su bardağı sade un (çok amaçlı)

2,5 ml/½ çay kaşığı kabartma tozu (kabartma tozu)

2,5 ml/½ çay kaşığı öğütülmüş zencefil

1 yumurta, çırpılmış, sırlamak için

Tereyağı veya margarini ve şekeri hafif ve kabarık olana kadar çırpın, ardından pekmezi ve ayranı un, kabartma tozu ve öğütülmüş zencefil ile dönüşümlü olarak karıştırın. Yağlanmış bir fırın tepsisine (kurabiye) büyük kaşık dolusu damlatın ve üstüne çırpılmış yumurta sürün. Önceden ısıtılmış fırında 190°C/375°F/gaz işareti 5'te 10 dakika pişirin.

Vanilyalı kurabiye

24 önce

150 g/5 oz/2/3 bardak tereyağı veya margarin, yumuşatılmış

100g/4oz/½ bardak pudra şekeri (çok ince)

1 çırpılmış yumurta

225g/8oz/2 bardak kendi kendine kabaran un

bir tutam tuz

10 ml/2 çay kaşığı vanilya özü (özü)

Süslemek için sırlı kirazlar (şekerlenmiş)

Tereyağı veya margarini ve şekeri hafif ve kabarık olana kadar çırpın. Yumurtayı azar azar ilave edip ardından un, tuz ve vanilya özünü ekleyip hamur kıvamına gelinceye kadar karıştırın. Pürüzsüz olana kadar yoğurun. Plastik sargıya sarın ve 20 dakika soğumaya bırakın.

Hamuru ince bir şekilde açın ve kurabiye kalıbıyla daireler halinde kesin. Yağlanmış fırın (kurabiye) tepsisine dizin ve her birinin üzerine birer kiraz yerleştirin. Kurabiyeleri önceden ısıtılmış fırında 180°C/350°F/gaz işareti 4'te altın kahverengi olana kadar 10 dakika pişirin. Soğutmayı bitirmek için tel rafa aktarmadan önce fırın tepsisinde 10 dakika soğumaya bırakın.

Cevizli Kurabiye

36 önce

100 g/4 oz/½ bardak tereyağı veya margarin, yumuşatılmış

100 g/4 oz/½ bardak yumuşak kahverengi şeker

100g/4oz/½ bardak pudra şekeri (çok ince)

1 büyük yumurta, hafifçe dövülmüş

200g/7oz/1¾ bardak sade un (çok amaçlı)

5 ml/1 çay kaşığı kabartma tozu

2,5 ml/½ çay kaşığı kabartma tozu (kabartma tozu)

120 ml/4 fl oz/½ bardak ayran

50g/2oz/½ bardak kıyılmış ceviz

Tereyağı veya margarini ve şekeri çırpın. Yumurtayı yavaş yavaş çırpın, ardından un, kabartma tozu ve kabartma tozunu ayranla dönüşümlü olarak ekleyin. Cevizleri ekleyin. Yağlanmış bir fırın tepsisine küçük kaşık dolusu damlatın ve bisküvileri önceden ısıtılmış fırında 190°C/375°F/gaz işareti 5'te 10 dakika pişirin.

Çıtır Kurabiyeler

24 önce

25 g/1 oz taze maya veya 40 ml/2½ yemek kaşığı kuru maya

450 ml/¾ pt/2 bardak ılık süt

900 g/2 lb/8 bardak sade, kuvvetli un (ekmek)

6 oz/175 g/¾ bardak tereyağı veya margarin, yumuşatılmış

30 ml/2 yemek kaşığı hafif bal

2 çırpılmış yumurta

Parlatmak için çırpılmış yumurta

Mayayı biraz ılık sütle karıştırın ve ılık bir yerde 20 dakika bekletin. Unu bir kaseye alıp tereyağı veya margarinle ovalayın. Mayalı karışımı, kalan ılık sütü, balı ve yumurtayı karıştırıp yumuşak bir hamur elde edene kadar karıştırın. Pürüzsüz ve elastik oluncaya kadar hafifçe unlanmış bir yüzeyde yoğurun. Yağlanmış bir kaseye yerleştirin, üzerini yağlı streç filmle (plastik ambalaj) örtün ve ılık bir yerde hacmi iki katına çıkana kadar 1 saat bekletin.

Tekrar yoğurun, sonra uzun, düz rulolar halinde şekillendirin ve yağlanmış bir fırın tepsisine (kurabiye) yerleştirin. Yağlı plastik ambalajla örtün ve 20 dakika sıcak bir yerde bırakın.

Üzerine çırpılmış yumurta sürün ve önceden ısıtılmış 200°C/400°F/gaz seviyesi 6 fırında 20 dakika pişirin. Gece boyunca soğumaya bırakın.

İnce dilimleyin, ardından önceden ısıtılmış fırında 150°C/300°F/gaz işareti 2'de 30 dakika gevrek ve altın rengi olana kadar tekrar pişirin.

kaşar peynirli bisküvi

12 önce

50 g/2 oz/¼ bardak tereyağı veya margarin

200g/7oz/1¾ bardak sade un (çok amaçlı)

15 ml/1 yemek kaşığı kabartma tozu

bir tutam tuz

50g/2oz/½ bardak kaşar peyniri, rendelenmiş

175 ml/6 fl oz/¾ bardak süt

Tereyağı veya margarini un, kabartma tozu ve tuzla, karışım ekmek kırıntısı görünümüne gelinceye kadar ovalayın. Peyniri ekleyin, ardından yumuşak bir hamur elde edene kadar yeterli miktarda süt ekleyin. Hafifçe unlanmış bir yüzeyde yaklaşık 2 cm/¾ kalınlığında açın ve kurabiye kalıbıyla dilimler halinde kesin. Yağlanmamış bir pişirme (kurabiye) tepsisine yerleştirin ve kurabiyeleri önceden ısıtılmış fırında 200°C/400°F/gaz işareti 6'da altın kahverengi olana kadar 15 dakika pişirin.

Mavi Peynirli Kraker

12 önce

50 g/2 oz/¼ bardak tereyağı veya margarin

200g/7oz/1¾ bardak sade un (çok amaçlı)

15 ml/1 yemek kaşığı kabartma tozu

50g/2oz/½ bardak Stilton peyniri, rendelenmiş veya ufalanmış

175 ml/6 fl oz/¾ bardak süt

Tereyağı veya margarini, un ve kabartma tozuna, karışım ekmek kırıntısı görünümü alana kadar sürün. Peyniri ekleyin, ardından yumuşak bir hamur elde edene kadar yeterli miktarda süt ekleyin. Hafifçe unlanmış bir yüzeyde yaklaşık 2 cm/¾ kalınlığında açın ve kurabiye kalıbıyla dilimler halinde kesin. Yağlanmamış bir pişirme (kurabiye) tepsisine yerleştirin ve kurabiyeleri önceden ısıtılmış fırında 200°C/400°F/gaz işareti 6'da altın kahverengi olana kadar 15 dakika pişirin.

Peynirli ve susamlı kraker

24 önce

75 g/3 oz/1/3 bardak tereyağı veya margarin

75 g/3 oz/¾ bardak tam buğday unu (tam buğday)

3 oz/75 g/¾ bardak Çedar peyniri, rendelenmiş

30 ml/2 yemek kaşığı susam

Tuz ve taze çekilmiş karabiber

1 çırpılmış yumurta

Karışım ekmek kırıntısı görünümüne gelinceye kadar tereyağı veya margarini unun içine sürün. Peyniri ve susamın yarısını ekleyip tuz ve karabiberle tatlandırın. Sert bir hamur oluşturmak için birbirine bastırın. Hamuru hafifçe unlanmış bir yüzeyde yaklaşık 5 mm/¼ inç kalınlığa kadar açın ve bir kurabiye kalıbıyla daireler halinde kesin. Krakerleri yağlanmış bir fırın tepsisine yerleştirin, üzerine yumurta sarısı sürün ve kalan susam serpin. Önceden ısıtılmış fırında 190°C/375°F/gaz işareti 5'te 10 dakika altın rengi kahverengi olana kadar pişirin.

Peynir çubukları

16 önce

225g/8oz puf böreği

1 çırpılmış yumurta

100 g/4 oz/1 bardak kaşar veya keskin peynir, rendelenmiş

15 ml/1 yemek kaşığı rendelenmiş parmesan peyniri

Tuz ve taze çekilmiş karabiber

Hamuru (makarnayı) yaklaşık 5 mm/¼ kalınlığında açın ve üzerine çırpılmış yumurtayı cömertçe sürün. Peynirleri serpin ve tuz ve karabiberle tatlandırın. Şeritler halinde kesin ve şeritleri yavaşça spiraller halinde bükün. Nemlendirilmiş bir fırın (kurabiye) tepsisine yerleştirin ve önceden ısıtılmış fırında 220°C/425°F/gaz işareti 7'de kabarıp altın rengi kahverengi olana kadar yaklaşık 10 dakika pişirin.

Peynir ve Domatesli Kraker

12 önce

50 g/2 oz/¼ bardak tereyağı veya margarin

200g/7oz/1¾ bardak sade un (çok amaçlı)

15 ml/1 yemek kaşığı kabartma tozu

bir tutam tuz

50g/2oz/½ bardak kaşar peyniri, rendelenmiş

15 ml/1 yemek kaşığı domates püresi (salça)

150 ml/¼ pt/2/3 su bardağı süt

Tereyağı veya margarini un, kabartma tozu ve tuzla, karışım ekmek kırıntısı görünümüne gelinceye kadar ovalayın. Peyniri ekleyin, ardından domates püresini ve yeterince sütü ekleyerek yumuşak bir hamur elde edene kadar karıştırın. Hafifçe unlanmış bir yüzeyde yaklaşık 2 cm/¾ kalınlığında açın ve kurabiye kalıbıyla dilimler halinde kesin. Yağlanmamış bir pişirme (kurabiye) tepsisine yerleştirin ve kurabiyeleri önceden ısıtılmış fırında 200°C/400°F/gaz işareti 6'da altın kahverengi olana kadar 15 dakika pişirin.

Keçi Peyniri Lokmaları

30 önce

2 yaprak dondurulmuş yufka (makarna), çözülmüş

50g/2oz/¼ bardak tuzsuz tereyağı, eritilmiş

50g/2oz/½ bardak keçi peyniri, doğranmış

5 ml/1 çay kaşığı Provence Otları

Bir yufkayı eritilmiş tereyağıyla yağlayın, ikinci yufkayı üstüne yerleştirin ve fırçayla tereyağı sürün. 30 eşit kareye kesin, her birine bir parça peynir koyun ve üzerine otlar serpin. Köşeleri bir araya getirin ve bükerek kapatın, ardından tekrar eritilmiş tereyağıyla fırçalayın. Yağlanmış bir fırın (kurabiye) tepsisine yerleştirin ve önceden ısıtılmış fırında 180°C/350°F/gaz işareti 4'te çıtır ve altın rengi oluncaya kadar 10 dakika pişirin.

Jambonlu ve Hardallı Rulolar

16 önce

225g/8oz puf böreği

30 ml/2 yemek kaşığı Fransız hardalı

100 g/4 oz/1 bardak pişmiş jambon, doğranmış

Tuz ve taze çekilmiş karabiber

Hamuru (makarnayı) yaklaşık 5 mm/¼ kalınlığa kadar açın. Hardalla yayın, ardından jambonu serpin ve tuz ve karabiberle tatlandırın. Hamuru uzun bir sosis şeklinde yuvarlayın, ardından 1 cm/½ dilimler halinde kesin ve nemli bir fırın (kurabiye) tepsisine yerleştirin. Önceden ısıtılmış fırında 220°C/425°F/gaz işareti 7'de kabarıp altın rengi kahverengi olana kadar yaklaşık 10 dakika pişirin.

Jambonlu ve Biberli Kurabiyeler

30 önce

225g/8oz/2 su bardağı sade un (çok amaçlı)

15 ml/1 yemek kaşığı kabartma tozu

5 ml/1 çay kaşığı kurutulmuş kekik

5 ml/1 çay kaşığı pudra şekeri (çok ince)

2,5 ml/½ çay kaşığı öğütülmüş zencefil

Bir tutam rendelenmiş hindistan cevizi

Bir tutam karbonat (kabartma tozu)

Tuz ve taze çekilmiş karabiber

50 g/2 oz/¼ fincan bitkisel yağ (katı yağ)

50 g/2 oz/½ bardak pişmiş jambon, doğranmış

30 ml/2 yemek kaşığı ince doğranmış yeşil biber

175 ml/6 fl oz/¾ bardak ayran

Un, kabartma tozu, kekik, şeker, zencefil, hindistan cevizi, karbonat, tuz ve karabiberi karıştırın. Karışım ekmek kırıntısına benzeyene kadar yağı ovalayın. Jambonu ve biberi ekleyin. Unu yavaş yavaş ekleyerek pürüzsüz bir hamur elde edene kadar karıştırın. Hafifçe unlanmış bir yüzeyde pürüzsüz hale gelinceye kadar birkaç saniye yoğurun. 2cm/¾ kalınlığında açın ve kurabiye kalıbıyla dilimler halinde kesin. Bisküvileri yağlanmış bir pişirme (bisküvi) tepsisine aralıklı olarak yerleştirin ve önceden ısıtılmış fırında 220°C/425°F/gaz işareti 7'de kabarıp altın rengi oluncaya kadar 12 dakika pişirin.

Basit Bitkili Kurabiyeler

8 önce

225g/8oz/2 su bardağı sade un (çok amaçlı)

15 ml/1 yemek kaşığı kabartma tozu

5 ml/1 çay kaşığı pudra şekeri (çok ince)

2,5 ml/½ çay kaşığı tuz

50 g/2 oz/¼ bardak tereyağı veya margarin

15 ml/1 yemek kaşığı doğranmış taze frenk soğanı

Bir tutam kırmızı biber

Taze çekilmiş karabiber

45 ml/3 yemek kaşığı süt

45 ml/3 yemek kaşığı su

Unu, kabartma tozunu, şekeri ve tuzu karıştırın. Karışım ekmek kırıntısı görünümüne gelinceye kadar tereyağı veya margarini ovalayın. Tadına göre frenk soğanı, kırmızı biber ve karabiberi karıştırın. Sütü ve suyu ekleyip pürüzsüz bir hamur elde edene kadar karıştırın. Hafifçe unlanmış bir yüzeyde pürüzsüz hale gelinceye kadar yoğurun, ardından 2cm/¾ kalınlığında açın ve bisküvi kesiciyle dilimler halinde kesin. Krakerleri yağlanmış bir fırın tepsisine aralıklı olarak yerleştirin ve önceden ısıtılmış fırında 200°C/400°F/gaz işareti 6'da kabarıp altın rengi oluncaya kadar 15 dakika pişirin.

Hint Kurabiyeleri

4 kişi için

100g/4oz/1 su bardağı sade un (çok amaçlı)

100 g/4 oz/1 bardak irmik (buğday kreması)

175g/6oz/¾ bardak pudra şekeri (çok ince)

75 g/3 oz/¾ bardak gram un

175 g/6 oz/¾ bardak tereyağı

Tüm malzemeleri bir kasede karıştırın, ardından avuçlarınızla birbirine sürterek sert bir hamur elde edin. Karışım çok kuruysa biraz daha yağa ihtiyacınız olabilir. Küçük toplar yapın ve kraker şekline getirin. Yağlanmış ve astarlanmış bir fırın (kurabiye) tepsisine yerleştirin ve önceden ısıtılmış fırında 150°C/300°F/gaz işareti 2'de hafifçe kızarana kadar 30 ila 40 dakika pişirin. Kurabiyeler pişerken kıl kalınlığında çatlaklar oluşabilir.

Fındıklı ve arpacık soğanlı kurabiye

12 önce

75 g/3 oz/1/3 su bardağı tereyağı veya margarin, yumuşatılmış

175 g/6 oz/1½ su bardağı tam buğday unu (tam buğday)

10 ml/2 çay kaşığı kabartma tozu

1 arpacık soğanı, ince doğranmış

50g/2oz/½ bardak kıyılmış fındık

10 ml/2 çay kaşığı kırmızı biber

15 ml/1 yemek kaşığı soğuk su

Tereyağı veya margarini, un ve kabartma tozuna, karışım ekmek kırıntısı görünümü alana kadar sürün. Arpacık soğanı, fındık ve kırmızı biberi ekleyin. Soğuk suyu ekleyin ve hamur haline getirmek için tuşuna basın. 30 x 20 cm/12 x 8 inç İsviçre rulo kalıbına (jöleli rulo tava) gerin ve bastırın ve bir çatalla her yerine delik açın. Parmaklarda işaretleyin. Önceden ısıtılmış fırında 200°C/400°F/gaz işareti 6'da 10 dakika altın rengi kahverengi olana kadar pişirin.

Somonlu ve Dereotlu Kraker

12 önce

225g/8oz/2 su bardağı sade un (çok amaçlı)

5 ml/1 çay kaşığı pudra şekeri (çok ince)

2,5 ml/½ çay kaşığı tuz

20 ml/4 çay kaşığı kabartma tozu

100g/4oz/½ bardak tereyağı veya margarin, küp şeklinde kesilmiş

90 ml/6 yemek kaşığı su

90 ml/6 yemek kaşığı süt

100g/4oz/1 bardak füme somon kırıntıları, doğranmış

60 ml/4 yemek kaşığı doğranmış taze dereotu (dereotu otu)

Unu, şekeri, tuzu ve kabartma tozunu karıştırın, ardından tereyağı veya margarini ekmek kırıntısı görünümü alana kadar ovalayın. Sütü ve suyu azar azar ekleyerek pürüzsüz bir hamur elde edene kadar karıştırın. Somon ve dereotunu ekleyip pürüzsüz hale gelinceye kadar karıştırın. 2,5 cm/1 inç kalınlığa kadar açın ve kurabiye kalıbıyla dilimler halinde kesin. Bisküvileri (krakerleri) yağlanmış bir pişirme (bisküvi) tepsisine aralıklı olarak yerleştirin ve önceden ısıtılmış fırında 220°C/425°F/gaz işareti 7'de kabarıp altın rengi kahverengi olana kadar 15 dakika pişirin.

Sodalı kurabiyeler

12 önce

45 ml/3 yemek kaşığı tereyağı (sebze yağı)

225g/8oz/2 su bardağı sade un (çok amaçlı)

5 ml/1 çay kaşığı karbonat (kabartma tozu)

5 ml/1 çay kaşığı krem tartar

bir tutam tuz

250 ml/8 fl oz/1 bardak ayran

Karışım ekmek kırıntısına benzeyene kadar domuz yağını un, kabartma tozu, tartar kreması ve tuzla ovalayın. Sütü ekleyip pürüzsüz bir hamur elde edene kadar karıştırın. Hafifçe unlanmış bir yüzeyde 1 cm/½ kalınlığında açın ve kurabiye kalıbıyla kesin. Krakerleri yağlanmış bir fırın tepsisine yerleştirin ve önceden ısıtılmış fırında 230°C/450°F/gaz işareti 8'de altın kahverengi olana kadar 10 dakika pişirin.

Domates ve parmesan öğütücüler

16 önce

225g/8oz puf böreği

30 ml/2 yemek kaşığı domates püresi (salça)

100g/4oz/1 bardak Parmesan peyniri, rendelenmiş

Tuz ve taze çekilmiş karabiber

Hamuru (makarnayı) yaklaşık 5 mm/¼ kalınlığa kadar açın. Üzerine domates püresini sürün, üzerine peynir serpin ve tuz ve karabiberle tatlandırın. Hamuru uzun bir sosis şeklinde yuvarlayın, ardından 1 cm/½ dilimler halinde kesin ve nemli bir fırın (kurabiye) tepsisine yerleştirin. Önceden ısıtılmış fırında 220°C/425°F/gaz işareti 7'de kabarıp altın rengi oluncaya kadar yaklaşık 10 dakika pişirin.

Domates ve otlu kurabiye

12 önce

225g/8oz/2 su bardağı sade un (çok amaçlı)

5 ml/1 çay kaşığı pudra şekeri (çok ince)

2,5 ml/½ çay kaşığı tuz

40 ml/2½ yemek kaşığı kabartma tozu

100 g/4 oz/½ bardak tereyağı veya margarin

30 ml/2 yemek kaşığı süt

30 ml/2 yemek kaşığı su

4 adet olgun domates, soyulmuş, çekirdekleri çıkarılmış ve doğranmış

45 ml/3 yemek kaşığı doğranmış taze fesleğen

Unu, şekeri, tuzu ve kabartma tozunu karıştırın. Karışım ekmek kırıntısı görünümüne gelinceye kadar tereyağı veya margarini ovalayın. Sütü, suyu, domatesi ve fesleğeni ekleyip pürüzsüz bir hamur elde edene kadar karıştırın. Hafifçe unlanmış bir yüzeyde birkaç saniye yoğurun, ardından 2,5 cm kalınlığa kadar açın ve kurabiye kalıbıyla dilimler halinde kesin. Bisküvileri yağlanmış bir pişirme (bisküvi) tepsisine aralıklı olarak yerleştirin ve önceden ısıtılmış fırında 230°C/425°F/gaz işareti 7'de kabarıp altın rengi oluncaya kadar 15 dakika pişirin.

Temel Beyaz Ekmek

Üç adet 1 lb/450 g somun yapar

25 g/1 oz taze maya veya 40 ml/2½ yemek kaşığı kuru maya

10 ml/2 çay kaşığı şeker

900 ml/1½ pts/3¾ bardak ılık su

25 g/1 oz/2 yemek kaşığı tereyağı (sebze yağı)

1,5 kg/3 lb/12 bardak sade, kuvvetli un (ekmek unu)

15 ml/1 yemek kaşığı tuz

Mayayı şeker ve biraz ılık suyla karıştırıp ılık bir yerde köpürene kadar 20 dakika bekletin. Domuz yağını una ve tuza sürün, ardından maya karışımını ve kalan suyu ekleyerek kasenin kenarlarını temiz bırakacak sert bir hamur elde edinceye kadar karıştırın. Hafifçe unlanmış bir yüzeyde veya robotta elastik olup artık yapışkan olmayana kadar yoğurun. Hamuru yağlanmış bir kaseye koyun, üzerini yağlı streç filmle (plastik ambalaj) örtün ve ılık bir yerde, hacmi iki katına çıkana ve dokunulduğunda elastik olana kadar yaklaşık 1 saat bekletin.

Hamuru sertleşene kadar tekrar yoğurun, üçe bölün ve yağlanmış 1 lb/450g somun tavalarına yerleştirin veya istediğiniz somun şeklini verin. Hamur kalıpların hemen üstüne ulaşana kadar yaklaşık 40 dakika boyunca ılık bir yerde örtün ve mayalanmaya bırakın.

Önceden ısıtılmış fırında 230°C/450°F/gaz işareti 8'de, somunlar kalıpların kenarlarından büzülmeye başlayana, altın rengi kahverengi ve sert olana ve tabanlarına vurulduğunda içi boş bir ses çıkarana kadar 30 dakika pişirin.

Simit

12 önce

15 g/½ oz taze maya veya 20 ml/4 çay kaşığı kuru maya

5 ml/1 çay kaşığı pudra şekeri (çok ince)

300 ml/½ pt/1¼ bardak ılık süt

50 g/2 oz/¼ bardak tereyağı veya margarin

450 g/1 lb/4 bardak sade, kuvvetli un (ekmek)

bir tutam tuz

1 yumurta sarısı

30 ml/2 yemek kaşığı haşhaş tohumu

Mayayı şeker ve biraz ılık sütle karıştırın ve ılık bir yerde köpürene kadar 20 dakika bekletin. Tereyağı veya margarini un ve tuzla birlikte yayıp ortasını havuz gibi açın. Maya karışımını, kalan ılık sütü ve yumurta sarısını ekleyin ve pürüzsüz hale gelinceye kadar karıştırın. Hamur elastik olana ve artık yapışkan olmayana kadar yoğurun. Yağlanmış bir kaseye yerleştirin, üzerini yağlı streç filmle (plastik ambalaj) örtün ve ılık bir yerde, hacmi iki katına çıkana kadar yaklaşık 1 saat bekletin.

Hamuru hafifçe yoğurun ve 12 parçaya bölün. Her birini yaklaşık 15 cm uzunluğunda uzun bir şerit halinde yuvarlayın ve bir halka şeklinde bükün. Yağlanmış bir fırın tepsisine (kurabiye) yerleştirin, üzerini örtün ve 15 dakika kabarmaya bırakın.

Büyük bir tencerede suyu kaynatın, ardından ateşi kısın. Bir halkayı kaynayan suya bırakın ve bir kez çevirerek 3 dakika pişirin, ardından çıkarın ve bir fırın tepsisine yerleştirin. Kalan simitlerle devam edin. Simitlere haşhaş tohumu serpin ve önceden ısıtılmış fırında 230°C/450°F/gaz işareti 8'de altın rengi oluncaya kadar 20 dakika pişirin.

vuruşlar

12 önce

25 g/1 oz taze maya veya 40 ml/2½ yemek kaşığı kuru maya

5 ml/1 çay kaşığı pudra şekeri (çok ince)

150 ml/¼ pt/2/3 su bardağı ılık süt

50 g/2 oz/¼ fincan tereyağı (sebze yağı)

450 g/1 lb/4 bardak sade, kuvvetli un (ekmek)

5 ml/1 çay kaşığı tuz

150 ml/¼ pt/2/3 bardak ılık su

Mayayı şeker ve biraz ılık sütle karıştırın ve ılık bir yerde köpürene kadar 20 dakika bekletin. Domuz yağını una sürün, ardından tuzu ekleyin ve ortasını havuz gibi açın. Mayalı karışımı, kalan sütü ve suyu ekleyip yumuşak bir hamur elde edene kadar karıştırın. Elastik olana ve artık yapışkan olmayana kadar yoğurun. Yağlanmış bir kaseye yerleştirin ve yağlanmış streç filmle (plastik ambalaj) örtün. Boyutu iki katına çıkana kadar yaklaşık 1 saat ılık bir yerde bekletin.

Hamuru 12 düz rulo halinde şekillendirin ve yağlanmış bir fırın (kurabiye) tepsisine yerleştirin. 15 dakika kadar yükselmeye bırakın.

Önceden ısıtılmış fırında 230°C/450°F/gaz işareti 8'de 15 ila 20 dakika kabarıp altın rengi oluncaya kadar pişirin.

Kremalı Arpa Ekmeği

Bir adet 900gr/2lb somun yapar

15 g/½ oz taze maya veya 20 ml/4 çay kaşığı kuru maya

bir tutam şeker

350 ml/12 fl oz/1½ bardak ılık su

400 g/14 oz/3½ bardak sade, kuvvetli un (ekmek)

175 g/6 oz/1½ bardak arpa unu

bir tutam tuz

45 ml/3 yemek kaşığı tek krema (hafif)

Mayayı şeker ve biraz ılık suyla karıştırıp ılık bir yerde köpürene kadar 20 dakika bekletin. Unları ve tuzu bir kapta karıştırıp, maya karışımını, kremayı ve kalan suyu ekleyip sert bir hamur elde edene kadar karıştırın. Pürüzsüz ve artık yapışkan olmayana kadar yoğurun. Yağlanmış bir kaseye yerleştirin, üzerini yağlı streç filmle (plastik ambalaj) örtün ve ılık bir yerde, hacmi iki katına çıkana kadar yaklaşık 1 saat bekletin.

Tekrar hafifçe yoğurun, ardından yağlanmış 900 g/2 lb'lik bir somun kalıbı (kızartma tavası) haline getirin, üzerini örtün ve hamur kalıbın üst kısmının üzerine çıkana kadar sıcak bir yerde 40 dakika bekletin.

Önceden ısıtılmış fırında 220°C/425°F/gaz işareti 7'de 10 dakika pişirin, ardından fırın sıcaklığını 190°C/375°F/gaz işareti 5'e düşürün ve altın rengi ve boşluklar oluşana kadar 25 dakika daha pişirin. -baza dokunulduğunda zil sesi.

bira ekmeği

Bir adet 900gr/2lb somun yapar

450 g/1 lb/4 su bardağı kendiliğinden kabaran un

5 ml/1 çay kaşığı tuz

350 ml/12 fl oz/1½ bardak bira

Pürüzsüz bir hamur elde edene kadar malzemeleri karıştırın. Yağlanmış 900 g/2 lb'lik somun kalıbını şekillendirin, üzerini örtün ve sıcak bir yerde 20 dakika mayalanmaya bırakın. Önceden ısıtılmış fırında 190°C/375°F/gaz işareti 5'te altın rengi kahverengi olana ve tabana vurulduğunda içi boş bir ses çıkana kadar 45 dakika pişirin.

Boston kahverengi ekmek

Üç adet 1 lb/450 g somun yapar

100 g/4 oz/1 bardak çavdar unu

100 g/4 oz/1 bardak mısır unu

100 g/4 oz/1 su bardağı tam buğday unu (tam buğday)

5 ml/1 çay kaşığı karbonat (kabartma tozu)

5 ml/1 çay kaşığı tuz

250g/9oz/¾ bardak çörek otu pekmezi (pekmez)

500 ml/16 fl oz/2 bardak ayran

175g/6oz/1 su bardağı kuru üzüm

Kuru malzemeleri birbirine karıştırdıktan sonra pekmezi, ayranı
ve kuru üzümü ekleyip pürüzsüz bir hamur elde edene kadar
karıştırın. Karışımı üç adet yağlanmış 450 g/1 lb'lik puding kabına
dökün, üzerini yağlı kağıt (balmumu) ve alüminyum folyo ile örtün
ve üstünü kapatmak için sicim ile bağlayın. Geniş bir tencereye alıp
kaselerin yarısına gelecek kadar sıcak su doldurun. Suyu kaynatın,
tencerenin kapağını kapatın ve gerektiği kadar kaynar su
ekleyerek 2 buçuk saat pişirin. Kaseleri tavadan çıkarın ve hafifçe
soğumasını bekleyin. Tereyağı ile sıcak olarak servis yapın.

Kepek Saksıları

3 önce

25 g/1 oz taze maya veya 40 ml/2½ yemek kaşığı kuru maya

5 ml/1 çay kaşığı şeker

600 ml/1 pt/2½ bardak ılık su

675 g/1½ lb/6 su bardağı tam buğday unu (tam buğday)

25 g/1 oz/¼ bardak soya unu

5 ml/1 çay kaşığı tuz

50 g/2 oz/1 bardak kepek

Krema için süt

45 ml/3 yemek kaşığı bulgur

Üç adet temiz, yeni 13 cm/5 inç kil saksıya ihtiyacınız olacak. İyice yağlayın ve sıcak fırında 30 dakika kadar pişirin ki çatlamasın.

Mayayı şeker ve biraz ılık suyla ezip köpürene kadar bekletin. Un, tuz ve kepeği karıştırıp ortasını havuz şeklinde açın. Ilık su ve maya karışımını karıştırıp sert bir hamur elde edene kadar yoğurun. Unlu bir yüzeye aktarın ve pürüzsüz ve elastik hale gelinceye kadar yaklaşık 10 dakika yoğurun. Alternatif olarak bunu bir mutfak robotunda da yapabilirsiniz. Hamuru temiz bir kaseye alıp üzerini yağlı streç filmle (plastik ambalaj) örtün ve ılık bir yerde yaklaşık 1 saat, hacmi iki katına çıkana kadar mayalanmaya bırakın.

Unlu bir yüzeye aktarın ve 10 dakika tekrar yoğurun. Yağlanmış üç kabı şekillendirin, üzerini örtün ve hamur kapların üzerine çıkana kadar 45 dakika mayalanmaya bırakın.

Hamuru sütle fırçalayın ve üzerine kırık buğday serpin. Önceden ısıtılmış fırında 230°C/450°F/gaz işareti 8'de 15 dakika pişirin. Fırın sıcaklığını 200°C/400°F/gaz işareti 6'ya düşürün ve kabarıp sertleşene kadar 30 dakika daha pişirin. Kalıptan çıkarın ve soğumaya bırakın.

Tereyağlı rulolar

12 önce

450 g/1 lb temel beyaz ekmek hamuru

100g/4oz/½ bardak tereyağı veya margarin, küp şeklinde kesilmiş

Ekmek hamurunu yapın ve boyutu iki katına çıkana ve dokunulduğunda elastik hale gelene kadar kabarmasını bekleyin.

Hamuru tekrar yoğurun ve tereyağı veya margarinle işleyin. 12 rulo halinde şekillendirin ve yağlanmış bir fırın tepsisine (kurabiye) geniş aralıklarla yerleştirin. Üzerini yağlanmış streç filmle (plastik ambalaj) örtün ve ılık bir yerde hacmi iki katına çıkana kadar yaklaşık 1 saat mayalanmaya bırakın.

Önceden ısıtılmış fırında 230°C/450°F/gaz işareti 8'de, altın rengi kahverengi olana ve tabana vurulduğunda içi boş bir ses çıkana kadar 20 dakika pişirin.

ayran ekmeği

Bir adet 1½ lb/675 g somun yapar

450 g/1 lb/4 su bardağı sade un (çok amaçlı)

5 ml/1 çay kaşığı krem tartar

5 ml/1 çay kaşığı karbonat (kabartma tozu)

250 ml/8 fl oz/1 bardak ayran

Un, krem tartar ve kabartma tozunu bir kapta karıştırıp ortasını havuz gibi açın. Pürüzsüz bir hamur elde edene kadar karıştırmak için yeterli miktarda ayran ekleyin. Yuvarlak şekil verin ve yağlanmış fırın tepsisine (kurabiye) yerleştirin. Önceden ısıtılmış fırında 220°C/425°F/gaz işareti 7'de iyice kabarıp altın rengi kahverengi olana kadar 20 dakika pişirin.

Kanada Mısır Ekmeği

23 cm/9 inçlik bir somun yapar.

150g/5oz/1¼ bardak sade un (çok amaçlı)

75 g/3 oz/¾ bardak mısır unu

15 ml/1 yemek kaşığı kabartma tozu

2,5 ml/½ çay kaşığı tuz

100 g/4 oz/1/3 bardak akçaağaç şurubu

100 g/4 oz/½ bardak tereyağı (katı yağ), eritilmiş

2 çırpılmış yumurta

Kuru malzemeleri karıştırın, ardından şurup, domuz yağı ve yumurtayı ekleyip iyice karışana kadar karıştırın. Yağlanmış 23 cm'lik (9 inç) bir fırın tepsisine dökün ve önceden ısıtılmış fırında 220°C/425°F/gaz işareti 7'de iyice kabarıp altın rengi kahverengi olana ve yanları küçülmeye başlayana kadar 25 dakika pişirin. Kutudan

mısır böreği

12 önce

25 g/1 oz taze maya veya 40 ml/2½ yemek kaşığı kuru maya

15 ml/1 yemek kaşığı pudra şekeri (çok ince)

300 ml/½ pt/1¼ bardak ılık süt

50 g/2 oz/¼ bardak tereyağı veya margarin

450 g/1 lb/4 bardak sade, kuvvetli un (ekmek)

bir tutam tuz

Mayayı şeker ve biraz ılık sütle karıştırın ve ılık bir yerde köpürene kadar 20 dakika bekletin. Tereyağı veya margarini un ve tuzla birlikte yayıp ortasını havuz gibi açın. Mayalı karışımı ve kalan sütü ekleyip yumuşak bir hamur elde edene kadar karıştırın. Elastik olana ve artık yapışkan olmayana kadar yoğurun. Yağlanmış bir kaseye yerleştirin ve yağlanmış streç filmle (plastik ambalaj) örtün. Boyutu iki katına çıkana kadar yaklaşık 1 saat ılık bir yerde bekletin.

Hamuru 12 düz rulo halinde şekillendirin ve yağlanmış bir fırın (kurabiye) tepsisine yerleştirin. Yağlanmış plastik ambalajla örtün ve 15 dakika kabarmaya bırakın.

Önceden ısıtılmış fırında 230°C/450°F/gaz işareti 8'de 15 ila 20 dakika kabarıp altın rengi oluncaya kadar pişirin.

Kır Pidesi Ekmeği

Altı küçük somun çıkıyor.

10 ml/2 çay kaşığı kuru maya

15 ml/1 yemek kaşığı hafif bal

120 ml/4 fl oz/½ bardak ılık su

350 g/12 oz/3 bardak sade, kuvvetli un (ekmek)

5 ml/1 çay kaşığı tuz

50 g/2 oz/¼ bardak tereyağı veya margarin

5 ml/1 çay kaşığı kimyon tohumu

5 ml/1 çay kaşığı öğütülmüş kişniş

5 ml/1 çay kaşığı öğütülmüş kakule

120 ml/4 fl oz/½ bardak ılık süt

60 ml/4 yemek kaşığı susam

Maya ve balı 45ml/3 yemek kaşığı ılık su ve 15ml/1 yemek kaşığı unla karıştırıp ılık bir yerde köpürene kadar yaklaşık 20 dakika bekletin. Kalan unu tuzla karıştırın, ardından tereyağı veya margarini ovalayın ve kimyon tohumlarını, kişnişi ve kakuleyi ekleyip ortasını havuz gibi açın. Yumuşak bir hamur elde edene kadar maya karışımını, kalan suyu ve yeterli sütü karıştırın. Sertleşene ve artık yapışkan olmayana kadar iyice yoğurun. Yağlanmış bir kaseye koyun, üzerini yağlı streç filmle (plastik ambalaj) örtün ve ılık bir yerde, boyutu iki katına çıkana kadar yaklaşık 30 dakika bekletin.

Hamuru tekrar yoğurun, ardından yassı kekler haline getirin. Yağlanmış bir fırın tepsisine (kurabiye) yerleştirin ve üzerine süt sürün. Susam serpin. Yağlanmış plastik ambalajla örtün ve 15 dakika kabarmaya bırakın.

Önceden ısıtılmış fırında 200°C/ 400°F/gaz işareti 6'da 30 dakika altın rengi kahverengi olana kadar pişirin.

Haşhaş Tohumlu Ülke Örgüsü

Bir adet 450g/1lb somun yapar

275 g/10 oz/2½ su bardağı sade un (çok amaçlı)

25 g/1 oz/2 yemek kaşığı pudra şekeri (çok ince)

5 ml/1 çay kaşığı tuz

10 ml/2 çay kaşığı kolay karışım kuru maya

175 ml/6 fl oz/¾ bardak süt

25 g/1 oz/2 yemek kaşığı tereyağı veya margarin

1 yumurta

Sırlamak için biraz süt veya yumurta akı

30 ml/2 yemek kaşığı haşhaş tohumu

Unu, şekeri, tuzu ve mayayı karıştırın. Sütü tereyağı veya margarinle ısıtın, ardından unu yumurtayla karıştırıp sert bir hamur elde edinceye kadar yoğurun. Elastik olana ve artık yapışkan olmayana kadar yoğurun. Yağlanmış bir kaseye yerleştirin, üzerini yağlı streç filmle (plastik ambalaj) örtün ve ılık bir yerde, hacmi iki katına çıkana kadar yaklaşık 1 saat bekletin.

Tekrar yoğurun ve yaklaşık 20 cm uzunluğunda üç sosis oluşturun. Her şeridin bir ucunu nemlendirip birbirine bastırın, ardından şeritleri örün, nemlendirin ve uçlarını kapatın. Yağlanmış bir fırın tepsisine (kurabiye) yerleştirin, yağlanmış plastik ambalajla örtün ve boyutu iki katına çıkana kadar yaklaşık 40 dakika kabarmaya bırakın.

Üzerine süt veya yumurta akı sürün ve üzerine haşhaş tohumu serpin. Önceden ısıtılmış fırında 190°C/375°F/gaz işareti 5'te altın kahverengi olana kadar yaklaşık 45 dakika pişirin.

Köy Tam Buğday Ekmeği

İki adet 1 lb/450 g somun yapar

20 ml/4 çay kaşığı kuru maya

5 ml/1 çay kaşığı pudra şekeri (çok ince)

600 ml/1 pt/2½ bardak ılık su

25 g/1 oz/2 yemek kaşığı bitkisel yağ (katı yağ)

800 g/1¾ lb/7 su bardağı tam buğday unu (tam buğday)

10 ml/2 çay kaşığı tuz

10 ml/2 çay kaşığı malt özü

1 çırpılmış yumurta

25 g/1 oz/¼ bardak kırık buğday

Mayayı şeker ve biraz ılık suyla karıştırıp köpürene kadar yaklaşık 20 dakika bekletin. Yağı un, tuz ve malt ekstraktına sürün ve ortasını havuz gibi açın. Mayalı karışımı ve kalan ılık suyu ekleyip yumuşak bir hamur elde edene kadar karıştırın. Elastik olana ve artık yapışkan olmayana kadar iyice yoğurun. Yağlanmış bir kaseye yerleştirin, üzerini yağlı streç filmle (plastik ambalaj) örtün ve ılık bir yerde, hacmi iki katına çıkana kadar yaklaşık 1 saat bekletin.

Hamuru tekrar yoğurun ve yağlanmış iki adet 450 g/1 lb'lik somun tavası haline getirin. Hamur kalıpların hemen üstüne çıkana kadar yaklaşık 40 dakika sıcak bir yerde mayalanmaya bırakın.

Çöreklerin üst kısımlarını cömertçe yumurta ile fırçalayın ve üzerine kırık buğday serpin. Önceden ısıtılmış fırında 230°C/450°F/gaz işareti 8'de altın rengi kahverengi olana ve tabana vurulduğunda içi boş bir ses çıkana kadar yaklaşık 30 dakika pişirin.

köri örgüler

İki adet 1 lb/450 g somun yapar

120 ml/4 fl oz/½ bardak ılık su

30 ml/2 yemek kaşığı kuru maya

225 g/8 oz/2/3 bardak hafif bal

25 g/1 oz/2 yemek kaşığı tereyağı veya margarin

30 ml/2 yemek kaşığı köri tozu

675 g/1½ lb/6 bardak sade un (çok amaçlı)

10 ml/2 çay kaşığı tuz

450 ml/¾ pt/2 bardak ayran

1 yumurta

10 ml/2 çay kaşığı su

45 ml/3 yemek kaşığı file badem (dilimlenmiş)

Suyu maya ve 5 ml/1 çay kaşığı bal ile karıştırın ve köpürene kadar 20 dakika bekletin. Tereyağını veya margarini eritin, ardından köri tozunu ekleyin ve 1 dakika pişirin. Kalan balı ekleyin ve ocaktan alın. Bir kaseye unun yarısını ve tuzu koyup ortasını havuz yapıyoruz. Mayalı karışımı, ballı karışımı ve ayranı ekleyip, kalan unu yavaş yavaş ekleyerek yumuşak bir hamur elde edene kadar karıştırın. Pürüzsüz ve elastik olana kadar yoğurun. Yağlanmış bir kaba alıp üzerini yağlanmış streç filmle örtün ve ılık bir yerde hacmi iki katına çıkana kadar yaklaşık 1 saat bekletin.

Tekrar yoğurup hamuru ikiye bölün. Her parçayı üçe bölün ve 20cm sosis şeklinde yuvarlayın. Her şeridin bir ucunu nemlendirin ve mühürlemek için üçerli iki parti halinde birbirine bastırın. İki şerit setini örün ve uçlarını kapatın. Yağlanmış bir fırın tepsisine (kurabiye) yerleştirin, yağlanmış streç filmle (plastik ambalaj) örtün ve boyutu iki katına çıkana kadar yaklaşık 40 dakika kabarmaya bırakın.

Yumurtayı suyla çırpın ve ekmeğin üzerine sürün, ardından badem serpin. Önceden ısıtılmış fırında 190°C/375°F/gaz işareti 5'te altın kahverengi olana ve tabana vurulduğunda içi boş bir ses çıkana kadar 40 dakika pişirin.

Devon Bölümleri

12 önce

25 g/1 oz taze maya veya 40 ml/2½ yemek kaşığı kuru maya

5 ml/1 çay kaşığı pudra şekeri (çok ince)

150 ml/¼ pt/2/3 su bardağı ılık süt

50 g/2 oz/¼ bardak tereyağı veya margarin

450 g/1 lb/4 bardak sade, kuvvetli un (ekmek)

150 ml/¼ pt/2/3 bardak ılık su

Mayayı şeker ve biraz ılık sütle karıştırın ve ılık bir yerde köpürene kadar 20 dakika bekletin. Unun içine tereyağı veya margarini sürün ve ortasını havuz gibi açın. Mayalı karışımı, kalan sütü ve suyu ekleyip yumuşak bir hamur elde edene kadar karıştırın. Elastik olana ve artık yapışkan olmayana kadar yoğurun. Yağlanmış bir kaseye yerleştirin ve yağlanmış streç filmle (plastik ambalaj) örtün. Boyutu iki katına çıkana kadar yaklaşık 1 saat ılık bir yerde bekletin.

Hamuru 12 düz rulo halinde şekillendirin ve yağlanmış bir fırın (kurabiye) tepsisine yerleştirin. 15 dakika kadar yükselmeye bırakın.

Önceden ısıtılmış fırında 230°C/450°F/gaz işareti 8'de iyice kabarıp altın rengi kahverengi olana kadar 15 ila 20 dakika pişirin.

Meyveli buğday tohumu ekmeği

Bir adet 900gr/2lb somun yapar

225g/8oz/2 su bardağı sade un (çok amaçlı)

5 ml/1 çay kaşığı tuz

5 ml/1 çay kaşığı karbonat (kabartma tozu)

5 ml/1 çay kaşığı kabartma tozu

175 g/6 oz/1½ bardak buğday tohumu

100 g/4 oz/1 bardak mısır unu

100 g/4 oz/1 bardak yulaf ezmesi

350 g/12 oz/2 bardak kuru üzüm (altın kuru üzüm)

1 yumurta, hafifçe çırpılmış

250 ml/8 fl oz/1 bardak sade yoğurt

150 ml/¼ pt/2/3 bardak çörek otu pekmezi (pekmez)

60 ml/4 yemek kaşığı altın şurubu (hafif mısır)

30 ml/2 yemek kaşığı sıvı yağ

Kuru malzemeleri ve kuru üzümleri karıştırıp ortasını havuz gibi açın. Yumurta, yoğurt, pekmez, pekmez ve yağı karıştırıp ardından kuru malzemeleri ekleyip pürüzsüz bir hamur elde edene kadar karıştırın. Yağlanmış 900g/2lb'lik bir somun kalıbı oluşturun ve önceden ısıtılmış fırında 180°C/350°F/gaz işareti 4'te dokunulabilecek kadar sertleşinceye kadar 1 saat pişirin. Soğutmayı bitirmek için bir rafa çıkarmadan önce kalıbın içinde 10 dakika soğumaya bırakın.

Meyveli Süt Örgüleri

İki adet 1 lb/450 g somun yapar

15 g/½ oz taze maya veya 20 ml/4 çay kaşığı kuru maya

5 ml/1 çay kaşığı pudra şekeri (çok ince)

450 ml/¾ pt/2 bardak ılık süt

50 g/2 oz/¼ bardak tereyağı veya margarin

675 g/1½ lb/6 bardak sade un (çok amaçlı)

bir tutam tuz

100 g/4 oz/2/3 bardak kuru üzüm

25 gr/1 oz/3 yemek kaşığı kuş üzümü

25g/1oz/3 yemek kaşığı karışık doğranmış kabuk (şekerlenmiş)

Krema için süt

Mayayı şeker ve biraz ılık sütle karıştırın. Sıcak bir yerde köpürene kadar yaklaşık 20 dakika bekletin. Tereyağı veya margarini un ve tuzla birlikte yayın, kuru üzümleri, kuş üzümlerini ve karışık kabukları ekleyip ortasını havuz gibi açın. Kalan ılık süt ve maya karışımını ekleyip yumuşak ama ele yapışmayacak bir hamur elde edene kadar yoğurun. Yağlanmış bir kaseye yerleştirin ve yağlanmış streç filmle (plastik ambalaj) örtün. Boyutu iki katına çıkana kadar yaklaşık 1 saat ılık bir yerde bekletin.

Tekrar hafifçe yoğurun ve ikiye bölün. Her yarımı üçe bölün ve sosis şeklinde yuvarlayın. Her rulonun bir ucunu nemlendirin ve üçünü birbirine hafifçe bastırın, ardından hamuru örün, nemlendirin ve uçlarını kapatın. Diğer hamur örgüsüyle aynı işlemi tekrarlayın. Yağlanmış bir fırın tepsisine (kurabiye) yerleştirin, yağlanmış streç filmle (plastik ambalaj) örtün ve yaklaşık 15 dakika kabarmaya bırakın.

Üzerine biraz süt sürün, ardından önceden ısıtılmış fırında 200°C/400°F/gaz işareti 6'da altın kahverengi olana ve tabana vurulduğunda içi boş bir ses çıkana kadar 30 dakika pişirin.

tahıl ambarı ekmeği

İki adet 900gr/2lb somun yapar

25 g/1 oz taze maya veya 40 ml/2½ yemek kaşığı kuru maya

5 ml/1 çay kaşığı bal

450 ml/¾ pt/2 bardak ılık su

350g/12oz/3 su bardağı ahır unu

350 g/12 oz/3 su bardağı tam buğday unu (tam buğday)

15 ml/1 yemek kaşığı tuz

15 g/½ oz/1 yemek kaşığı tereyağı veya margarin

Mayayı bal ve biraz ılık suyla karıştırıp ılık bir yerde köpürene kadar yaklaşık 20 dakika bekletin. Unları ve tuzu karıştırıp tereyağı veya margarinle ovalayın. Yumuşak bir hamur elde etmek için maya karışımını ve yeterince ılık suyu karıştırın. Pürüzsüz ve artık yapışkan olmayana kadar hafifçe unlanmış bir yüzeyde yoğurun. Yağlanmış bir kaseye yerleştirin, üzerini yağlı streç filmle (plastik ambalaj) örtün ve ılık bir yerde, hacmi iki katına çıkana kadar yaklaşık 1 saat bekletin.

Tekrar yoğurun ve yağlanmış iki adet 900 g/2 lb'lik somun kalıbı haline getirin. Yağlanmış plastik ambalajla örtün ve hamur kalıpların üstüne ulaşana kadar kabarmaya bırakın.

Önceden ısıtılmış fırında 220°C/425°F/gaz işareti 7'de altın kahverengi olana ve tabana vurulduğunda içi boş bir ses çıkana kadar 25 dakika pişirin.

ahır ruloları

12 önce

15 g/½ oz taze maya veya 20 ml/2½ yemek kaşığı kuru maya

5 ml/1 çay kaşığı pudra şekeri (çok ince)

300 ml/½ pt/1¼ bardak ılık su

450 g/1 lb/4 bardak ahır unu

5 ml/1 çay kaşığı tuz

5 ml/1 yemek kaşığı malt ekstraktı

30 ml/2 yemek kaşığı kırık buğday

Mayayı şeker ve biraz ılık suyla karıştırıp ılık bir yerde köpürene kadar bekletin. Unu ve tuzu karıştırın, ardından maya karışımını, kalan ılık suyu ve malt ekstraktını çırpın. Pürüzsüz ve elastik oluncaya kadar hafifçe unlanmış bir yüzeyde yoğurun. Yağlanmış bir kaseye yerleştirin, üzerini yağlı streç filmle (plastik ambalaj) örtün ve ılık bir yerde, hacmi iki katına çıkana kadar yaklaşık 1 saat bekletin.

Hafifçe yoğurun, sonra rulo haline getirin ve yağlanmış bir fırın tepsisine (kurabiye) yerleştirin. Fırçayla sulayıp üzerine kırık buğday serpin. Yağlanmış plastik ambalajla örtün ve boyutu iki katına çıkana kadar yaklaşık 40 dakika ılık bir yerde bırakın.

Önceden ısıtılmış fırında 220°C/425°F/gaz işareti 7'de 10 ila 15 dakika, tabana vurulduğunda içi boş bir ses çıkana kadar pişirin.

Fındıklı Tahıl Ambarı Ekmeği

Bir adet 900gr/2lb somun yapar

15 g/½ oz taze maya veya 20 ml/4 çay kaşığı kuru maya

5 ml/1 çay kaşığı yumuşak esmer şeker

450 ml/¾ pt/2 bardak ılık su

450 g/1 lb/4 bardak ahır unu

175 g/6 oz/1½ bardak sade, kuvvetli un (ekmek)

5 ml/1 çay kaşığı tuz

15 ml/1 yemek kaşığı zeytinyağı

100g/4oz/1 su bardağı fındık, iri kıyılmış

Mayayı şeker ve biraz ılık suyla karıştırıp ılık bir yerde köpürene kadar 20 dakika bekletin. Unları ve tuzu bir kapta karıştırıp, maya karışımını, yağı ve kalan ılık suyu ekleyip sert bir hamur elde edene kadar karıştırın. Pürüzsüz ve artık yapışkan olmayana kadar yoğurun. Yağlanmış bir kaseye yerleştirin, üzerini yağlı streç filmle (plastik ambalaj) örtün ve ılık bir yerde, hacmi iki katına çıkana kadar yaklaşık 1 saat bekletin.

Tekrar hafifçe yoğurun ve fındıkları ekleyin, ardından yağlanmış 900 g/2 lb'lik bir somun kalıbı oluşturun, üzerini yağlı streç filmle örtün ve hamur somun kalıbının üstüne çıkana kadar 30 dakika sıcak bir yerde bırakın.

Önceden ısıtılmış fırında 220°C/425°F/gaz işareti 7'de altın kahverengi olana ve tabana vurulduğunda içi boş bir ses çıkana kadar 30 dakika pişirin.

Grisini

12 önce

25 g/1 oz taze maya veya 40 ml/2½ yemek kaşığı kuru maya

15 ml/1 yemek kaşığı pudra şekeri (çok ince)

120 ml/4 fl oz/½ bardak ılık süt

25 g/1 oz/2 yemek kaşığı tereyağı veya margarin

450 g/1 lb/4 bardak sade, kuvvetli un (ekmek)

10 ml/2 çay kaşığı tuz

Mayayı 5ml/1 çay kaşığı şeker ve biraz ılık sütle ezin ve ılık bir yerde köpürene kadar 20 dakika bekletin. Kalan ılık sütte tereyağını ve kalan şekeri eritin. Bir kaseye un ve tuzu koyup ortasını havuz gibi açıyoruz. Maya ve süt karışımını dökün ve ıslak bir hamur elde edene kadar karıştırın. Pürüzsüz olana kadar yoğurun. Yağlanmış bir kaseye yerleştirin, üzerini yağlı streç filmle (plastik ambalaj) örtün ve ılık bir yerde, hacmi iki katına çıkana kadar yaklaşık 1 saat bekletin.

Hafifçe yoğurun, sonra 12 parçaya bölün ve uzun, ince çubuklar halinde açın ve yağlanmış bir fırın (kurabiye) tepsisine aralıklı olarak yerleştirin. Yağlanmış plastik ambalajla örtün ve sıcak bir yerde 20 dakika kabarmaya bırakın.

Ekmek çubuklarını suyla fırçalayın, ardından önceden ısıtılmış fırında 220°C/425°F/gaz işareti 7'de 10 dakika pişirin, ardından fırın sıcaklığını 180°C/350°F/gaz işareti 4'e düşürün ve 20 dakika daha pişirin gevrekleşene kadar dakikalar var.

hasat örgüsü

550 g/1¼lb'lik bir somun yapar

25 g/1 oz taze maya veya 40 ml/2½ yemek kaşığı kuru maya

25 g/1 oz/2 yemek kaşığı pudra şekeri (çok ince)

150 ml/¼ pt/2/3 su bardağı ılık süt

50 g/2 oz/¼ bardak tereyağı veya margarin, eritilmiş

1 çırpılmış yumurta

450 g/1 lb/4 su bardağı sade un (çok amaçlı)

bir tutam tuz

30 ml/2 yemek kaşığı kuş üzümü

2,5 ml/½ çay kaşığı öğütülmüş tarçın

5 ml/1 çay kaşığı rendelenmiş limon kabuğu

Krema için süt

Mayayı 2,5ml/½ çay kaşığı şeker ve biraz ılık sütle ezin ve ılık bir yerde köpürene kadar yaklaşık 20 dakika bekletin. Kalan sütü tereyağı veya margarinle karıştırın ve biraz soğumaya bırakın. Yumurtayla karıştırın. Geri kalan malzemeleri bir kaseye koyun ve ortasını havuz gibi açın. Süt ve maya karışımlarını ekleyip yumuşak bir hamur elde edene kadar karıştırın. Elastik olana ve artık yapışkan olmayana kadar yoğurun. Yağlanmış bir kaseye yerleştirin ve yağlanmış streç filmle (plastik ambalaj) örtün. Boyutu iki katına çıkana kadar yaklaşık 1 saat ılık bir yerde bekletin.

Hamuru üçe bölüp şeritler halinde yuvarlayın. Her şeridin bir ucunu nemlendirin ve uçlarını kapatın, ardından örün ve diğer uçları nemlendirip sabitleyin. Yağlanmış bir fırın tepsisine (kurabiye) yerleştirin, yağlanmış streç filmle örtün ve 15 dakika ılık bir yerde bırakın.

Üzerine biraz süt sürün ve önceden ısıtılmış fırında 220°C/425°F/gaz işareti 7'de altın kahverengi olana ve tabana vurulduğunda içi boş bir ses çıkana kadar 15 ila 20 dakika pişirin.

süt ekmeği

İki adet 1 lb/450 g somun yapar

15 g/½ oz taze maya veya 20 ml/4 çay kaşığı kuru maya

5 ml/1 çay kaşığı pudra şekeri (çok ince)

450 ml/¾ pt/2 bardak ılık süt

50 g/2 oz/¼ bardak tereyağı veya margarin

675 g/1½ lb/6 bardak sade un (çok amaçlı)

bir tutam tuz

Krema için süt

Mayayı şeker ve biraz ılık sütle karıştırın. Sıcak bir yerde köpürene kadar yaklaşık 20 dakika bekletin. Tereyağı veya margarini un ve tuzla birlikte yayıp ortasını havuz gibi açın. Kalan ılık süt ve maya karışımını ekleyip yumuşak ama ele yapışmayacak bir hamur elde edene kadar yoğurun. Yağlanmış bir kaseye yerleştirin ve yağlanmış streç filmle (plastik ambalaj) örtün. Boyutu iki katına çıkana kadar yaklaşık 1 saat ılık bir yerde bekletin.

Tekrar hafifçe yoğurun, ardından karışımı iki adet yağlanmış 450g/1lb somun tavası (tepsi) arasında bölün, üzerini yağlı streç filmle örtün ve hamur kalıpların üst kısmının hemen üzerine çıkana kadar yaklaşık 15 dakika kabarmaya bırakın.

Üzerine biraz süt sürün, ardından önceden ısıtılmış fırında 200°C/400°F/gaz işareti 6'da altın kahverengi olana ve tabana vurulduğunda içi boş bir ses çıkana kadar 30 dakika pişirin.

Sütlü meyveli ekmek

İki adet 1 lb/450 g somun yapar

15 g/½ oz taze maya veya 20 ml/4 çay kaşığı kuru maya

5 ml/1 çay kaşığı pudra şekeri (çok ince)

450 ml/¾ pt/2 bardak ılık süt

50 g/2 oz/¼ bardak tereyağı veya margarin

675 g/1½ lb/6 bardak sade un (çok amaçlı)

bir tutam tuz

100 g/4 oz/2/3 bardak kuru üzüm

Krema için süt

Mayayı şeker ve biraz ılık sütle karıştırın. Sıcak bir yerde köpürene kadar yaklaşık 20 dakika bekletin. Tereyağı veya margarini un ve tuzla birlikte yayın, kuru üzümleri ekleyin ve ortasını havuz gibi açın. Kalan ılık süt ve maya karışımını ekleyip yumuşak ama ele yapışmayacak bir hamur elde edene kadar yoğurun. Yağlanmış bir kaseye yerleştirin ve yağlanmış streç filmle (plastik ambalaj) örtün. Boyutu iki katına çıkana kadar yaklaşık 1 saat ılık bir yerde bekletin.

Tekrar hafifçe yoğurun, ardından karışımı iki adet yağlanmış 450g/1lb somun tavası (tepsi) arasında bölün, üzerini yağlı streç filmle örtün ve hamur kalıpların üst kısmının hemen üzerine çıkana kadar yaklaşık 15 dakika kabarmaya bırakın.

Üzerine biraz süt sürün, ardından önceden ısıtılmış fırında 200°C/400°F/gaz işareti 6'da altın kahverengi olana ve tabana vurulduğunda içi boş bir ses çıkana kadar 30 dakika pişirin.

sabah zafer ekmeği

İki adet 1 lb/450 g somun yapar

100 g/4 oz/1 bardak tam buğday taneleri

15 ml/1 yemek kaşığı malt ekstraktı

450 ml/¾ pt/2 bardak ılık su

25 g/1 oz taze maya veya 40 ml/2½ yemek kaşığı kuru maya

30 ml/2 yemek kaşığı hafif bal

25 g/1 oz/2 yemek kaşığı bitkisel yağ (katı yağ)

675 g/1½ lb/6 su bardağı tam buğday unu (tam buğday)

25 g/1 oz/¼ bardak kuru süt (yağsız süt tozu)

5 ml/1 çay kaşığı tuz

Tam buğday tanelerini ve malt ekstraktını gece boyunca ılık suda bekletin.

Mayayı biraz daha ılık su ve 5 ml/1 çay kaşığı bal ile karıştırın. Ilık bir yerde köpürene kadar yaklaşık 20 dakika bekletin. Yağı una, süt tozuna ve tuza sürün ve ortasını havuz gibi açın. Mayalı karışımı, kalan balı ve buğdaylı karışımı ekleyip hamur elde edene kadar karıştırın. Pürüzsüz ve artık yapışkan olmayana kadar iyice yoğurun. Yağlanmış bir kaseye yerleştirin, üzerini yağlı streç filmle (plastik ambalaj) örtün ve ılık bir yerde, hacmi iki katına çıkana kadar yaklaşık 1 saat bekletin.

Hamuru tekrar yoğurun, ardından iki adet yağlanmış 450g/1lb somun tavası haline getirin. Hamurun üzerini yağlanmış streç filmle örtüp ılık bir yerde 40 dakika, hamur kalıpların üst kısmına ulaşana kadar dinlenmeye bırakın.

Önceden ısıtılmış fırında 200°C/425°F/gaz işareti 7'de iyice kabarıncaya ve tabana vurulduğunda içi boş bir ses çıkana kadar yaklaşık 25 dakika pişirin.

ekmek

İki adet 900gr/2lb somun yapar

300 g/10 oz/2½ su bardağı tam buğday unu (tam buğday)

300g/10oz/2½ su bardağı sade un (çok amaçlı)

40 ml/2½ yemek kaşığı kuru maya

15 ml/1 yemek kaşığı pudra şekeri (çok ince)

10 ml/2 çay kaşığı tuz

500 ml/17 fl oz/2¼ bardak ılık süt

2,5 ml/½ çay kaşığı kabartma tozu (kabartma tozu)

15 ml/1 yemek kaşığı ılık su

Unları birbirine karıştırın. 350 g/12 oz/3 bardak karışık unları bir kaseye ölçün ve mayayı, şekeri ve tuzu birlikte çırpın. Sütü ekleyin ve koyu bir karışım elde edene kadar çırpın. Kabartma tozu ve suyu karıştırın ve kalan unla hamurun içine karıştırın. Karışımı iki adet yağlanmış 900 g/2 lb'lik somun kalıbına (kutu) bölün, üzerini örtün ve boyutu iki katına çıkana kadar yaklaşık 1 saat mayalanmaya bırakın.

Önceden ısıtılmış fırında 190°C/ 375°F/gaz işareti 5'te iyice kabarıp altın rengi kahverengi olana kadar 1¼ saat pişirin.

Mayasız ekmek

Bir adet 900gr/2lb somun yapar

450 g/1 lb/4 su bardağı tam buğday unu (tam buğday)

175 g/6 oz/1½ bardak kendiliğinden kabaran un

5 ml/1 çay kaşığı tuz

30 ml/2 yemek kaşığı pudra şekeri (çok ince)

450 ml/¾ pt/2 bardak süt

20 ml/4 çay kaşığı sirke

30 ml/2 yemek kaşığı sıvı yağ

5 ml/1 çay kaşığı karbonat (kabartma tozu)

Un, tuz ve şekeri karıştırıp ortasını havuz gibi açın. Süt, sirke, yağ ve kabartma tozunu birlikte çırpın, kuru malzemelerin içine dökün ve pürüzsüz hale gelinceye kadar karıştırın. Yağlanmış 900 g/2 lb'lik bir somun kalıbı (tepsi) oluşturun ve önceden ısıtılmış fırında 180°C/350°F/gaz işareti 4'te altın kahverengi olana ve tabana vurulduğunda içi boş bir ses çıkana kadar 1 saat pişirin.

Pizza hamuru

İki adet 23cm/9in pizzaya yetecek kadardır

15 g/½ oz taze maya veya 20 ml/4 çay kaşığı kuru maya

bir tutam şeker

250 ml/8 fl oz/1 bardak ılık su

350g/12oz/3 su bardağı sade un (çok amaçlı)

bir tutam tuz

30 ml/2 yemek kaşığı zeytinyağı

Mayayı şeker ve biraz ılık suyla karıştırıp ılık bir yerde köpürene kadar 20 dakika bekletin. Unu tuz ve zeytinyağıyla karıştırın ve pürüzsüz ve ele yapışmayacak hale gelinceye kadar yoğurun. Yağlanmış bir kaseye yerleştirin, üzerini yağlı streç filmle (plastik ambalaj) örtün ve ılık bir yerde hacmi iki katına çıkana kadar 1 saat bekletin. Tekrar yoğurup gerektiği gibi şekillendirin.

Yulaf Koçanı

Bir adet 450g/1lb somun yapar

25 g/1 oz taze maya veya 40 ml/2½ yemek kaşığı kuru maya

5 ml/1 çay kaşığı pudra şekeri (çok ince)

150 ml/¼ pt/2/3 su bardağı ılık süt

150 ml/¼ pt/2/3 bardak ılık su

400 g/14 oz/3½ bardak sade, kuvvetli un (ekmek)

5 ml/1 çay kaşığı tuz

25 g/1 oz/2 yemek kaşığı tereyağı veya margarin

100 g/4 oz/1 bardak orta boy yulaf

Maya ve şekeri süt ve suyla karıştırıp ılık bir yerde köpürene kadar bekletin. Unu ve tuzu karıştırın, ardından tereyağı veya margarini ovalayın ve yulafı ekleyin. Ortasını havuz gibi açıp maya karışımını dökün ve yumuşak bir hamur elde edene kadar karıştırın. Unlanmış bir yüzeye çıkarın ve pürüzsüz ve elastik hale gelinceye kadar 10 dakika yoğurun. Yağlanmış bir kaseye yerleştirin, üzerini yağlı streç filmle (plastik ambalaj) örtün ve ılık bir yerde hacmi iki katına çıkana kadar yaklaşık 1 saat mayalanmaya bırakın.

Hamuru tekrar yoğurun ve dilediğiniz somun şeklini verin. Yağlanmış bir fırın (kurabiye) tepsisine yerleştirin, üzerine biraz su sürün, üzerini yağlı plastik ambalajla örtün ve boyutu iki katına çıkana kadar yaklaşık 40 dakika ılık bir yerde bırakın.

Önceden ısıtılmış fırında 230°C/450°F/gaz işareti 8'de, iyice kabarıp altın rengi oluncaya ve tabana vurulduğunda içi boş bir ses çıkana kadar 25 dakika pişirin.

Yulaf ezmesi

4 önce

25 g/1 oz taze maya veya 40 ml/2½ yemek kaşığı kuru maya

5 ml/1 çay kaşığı bal

300 ml/½ pt/1¼ bardak ılık su

450 g/1 lb/4 bardak sade, kuvvetli un (ekmek)

50 g/2 oz/½ fincan orta boy yulaf

2,5 ml/½ çay kaşığı kabartma tozu

bir tutam tuz

25 g/1 oz/2 yemek kaşığı tereyağı veya margarin

Mayayı bal ve biraz ılık suyla karıştırıp ılık bir yerde köpürene kadar 20 dakika bekletin.

Un, yulaf, kabartma tozu ve tuzu karıştırıp tereyağı veya margarinle ovalayın. Mayalı karışımı ve kalan ılık suyu ekleyip orta yumuşaklıkta bir hamur elde edene kadar karıştırın. Elastik olana ve artık yapışkan olmayana kadar yoğurun. Yağlanmış bir kaseye yerleştirin, üzerini yağlı streç filmle (plastik ambalaj) örtün ve ılık bir yerde, hacmi iki katına çıkana kadar yaklaşık 1 saat bekletin.

Tekrar hafifçe yoğurun ve yaklaşık 3cm/1¼ kalınlığında bir daire şekline getirin. Dörde bölün ve yağlanmış bir fırın (kurabiye) tepsisine, biraz aralıklı ama yine de orijinal yuvarlak şeklinde yerleştirin. Yağlı plastik ambalajla örtün ve boyutu iki katına çıkana kadar yaklaşık 30 dakika kabarmaya bırakın.

Önceden ısıtılmış fırında 200°C/400°F/gaz işareti 6'da altın kahverengi olana ve tabana vurulduğunda içi boş bir ses çıkana kadar 30 dakika pişirin.

pide ekmek

6 önce

15 g/½ oz taze maya veya 20 ml/4 çay kaşığı kuru maya

5 ml/1 çay kaşığı pudra şekeri (çok ince)

300 ml/½ pt/1¼ bardak ılık su

450 g/1 lb/4 bardak sade, kuvvetli un (ekmek)

5 ml/1 çay kaşığı tuz

Maya, şeker ve bir miktar ılık suyu karıştırıp ılık bir yerde 20 dakika köpürene kadar bekletin. Maya karışımını ve kalan ılık suyu un ve tuzla karıştırıp sert bir hamur elde edene kadar karıştırın. Pürüzsüz ve elastik olana kadar yoğurun. Yağlanmış bir kaseye yerleştirin, üzerini yağlı streç filmle (plastik ambalaj) örtün ve ılık bir yerde, hacmi iki katına çıkana kadar yaklaşık 1 saat bekletin.

Tekrar yoğurup altı parçaya bölün. Yaklaşık 5 mm/¼ kalınlığında ovaller halinde yuvarlayın ve yağlanmış bir fırın (kurabiye) tepsisine yerleştirin. Yağlanmış plastik ambalajla örtün ve boyutu iki katına çıkana kadar 40 dakika bekletin.

Önceden ısıtılmış fırında 230°C/450°F/gaz işareti 8'de 10 dakika boyunca hafif altın rengi oluncaya kadar pişirin.

Hızlı tam buğday ekmeği

İki adet 1 lb/450 g somun yapar

15 g/½ oz taze maya veya 20 ml/4 çay kaşığı kuru maya

300 ml/½ pt/1¼ bardak ılık süt ve su karışımı

15 ml/1 yemek kaşığı çörek otu pekmezi (pekmez)

225 g/8 oz/2 su bardağı tam buğday unu (tam buğday)

225g/8oz/2 su bardağı sade un (çok amaçlı)

10 ml/2 çay kaşığı tuz

25 g/1 oz/2 yemek kaşığı tereyağı veya margarin

15 ml/1 yemek kaşığı bulgur

Mayayı biraz ılık süt ve suyla ve pekmezle karıştırıp ılık bir yerde köpürene kadar bekletin. Unları ve tuzu karıştırıp tereyağı veya margarinle ovalayın. Ortasını havuz şeklinde açıp maya karışımını dökün ve sert bir hamur elde edene kadar karıştırın. Unlu bir yüzeye çıkarın ve pürüzsüz ve elastik hale gelinceye kadar 10 dakika yoğurun veya bir mutfak robotunda işleyin. İki somun şeklinde şekillendirin ve yağlanmış ve astarlı 450 g/1 lb'lik somun kalıplarına (tepsilere) yerleştirin. Üstüne su sürün ve üzerine kırık buğday serpin. Üzerini yağlanmış streç filmle (plastik ambalaj) örtüp, ılık bir yerde, boyutu iki katına çıkana kadar yaklaşık 1 saat bekletin.

Önceden ısıtılmış fırında 240°C/475°F/gaz işareti 8'de 40 dakika, tabana vurulduğunda somunların içi boş gibi görünene kadar pişirin.

Islak Pirinç Ekmeği

Bir adet 900gr/2lb somun yapar

75 g/3 oz/1/3 bardak uzun taneli pirinç

15 g/½ oz taze maya veya 20 ml/4 çay kaşığı kuru maya

bir tutam şeker

250 ml/8 fl oz/1 bardak ılık su

550 g/1¼ lb/5 bardak sade, kuvvetli un (ekmek)

2,5 ml/½ çay kaşığı tuz

Pirinci bir bardağa ölçün, ardından tavaya dökün. Hacminin üç katı kadar soğuk su ekleyin, kaynatın, kapağını kapatın ve su emilene kadar yaklaşık 20 dakika pişirin. Bu arada mayayı şeker ve biraz ılık suyla karıştırıp ılık bir yerde köpürene kadar 20 dakika bekletin.

Bir kaseye un ve tuzu koyup ortasını havuz gibi açıyoruz. Mayalı karışımı ve ılık pirinci karıştırıp yumuşak bir hamur elde edene kadar karıştırın. Yağlanmış bir kaseye yerleştirin, üzerini yağlı streç filmle (plastik ambalaj) örtün ve ılık bir yerde, hacmi iki katına çıkana kadar yaklaşık 1 saat bekletin.

Hamur işlenemeyecek kadar yumuşaksa biraz daha un ekleyerek hafifçe yoğurun ve yağlanmış 900 g/2 lb'lik somun kalıbı şeklinde şekillendirin. Hamurun üzerini yağlanmış streç filmle kapatıp sıcak bir yerde 30 dakika, hamur kalıbın kenarından yukarı çıkana kadar dinlenmeye bırakın.

Önceden ısıtılmış fırında 230°C/450°F/gaz işareti 8'de 10 dakika pişirin, ardından fırın sıcaklığını 200°C/400°F/gaz işareti 6'ya düşürün ve altın rengi ve boşluklar oluşana kadar 25 dakika daha pişirin. -baza dokunulduğunda zil sesi.

Pirinç ve Bademli Ekmek

Bir adet 900gr/2lb somun yapar

6 oz/175 g/¾ bardak tereyağı veya margarin, yumuşatılmış

175g/6oz/¾ bardak pudra şekeri (çok ince)

3 yumurta, hafifçe çırpılmış

100 g/4 oz/1 bardak sade, kuvvetli un (ekmek)

5 ml/1 çay kaşığı kabartma tozu

bir tutam tuz

100 g/4 oz/1 bardak öğütülmüş pirinç

50 g/2 oz/½ bardak öğütülmüş badem

15 ml/1 yemek kaşığı ılık su

Tereyağı veya margarini ve şekeri hafif ve kabarık olana kadar çırpın. Yumurtaları azar azar ekleyip, kuru malzemeleri ve suyu ekleyerek yumuşak bir hamur elde edin. Yağlanmış 900 g/2 lb'lik bir somun kalıbı (tepsi) oluşturun ve önceden ısıtılmış fırında 180°C/350°F/gaz işareti 4'te altın kahverengi olana ve tabana vurulduğunda içi boş bir ses çıkana kadar 1 saat pişirin.